Takie tam: Znajome ścieżki w szeptach codzienności

STANISŁAW PYSEK PRUSIŃSKI

O wczesnym świcie Staś Pysek
Postanowił że wkrótce napisze
Książkę o życiu prawdzie wolności
O dniach codziennych pomysłowości.

Skąd wziąć pomysły na wiersze nowe
Mądre ciekawe i kolorowe
Chęci do pracy wiarę nadzieję
Wspomnieć na czasie że to się dzieje.

Myśli przez głowę moją falują
Muszę napisać pójdę w zaparte
Spoglądam w niebo i na bieżąco
I mam nadzieję że było warto.

Odkrywam myśli prawdziwych rąbki
Króciutka przerwa więc robię pompki
A na ustępstwa nie widzę rady
Musi zadziałać teraz przysiady.

I wkrótce sprawa się wyjaśniła
Książka wierszami się zapełniła
A gimnastyka swoje zrobiła
Nieprzypadkowo to dobra zmiana
            Książka
        "Takie tam:
                Znajome ścieżki w szeptach codzienności"
            Jest napisana.

Wiersze o życiu prawdzie fantazji
Proszę czytajcie tak przy okazji.

Życie to nie igraszka

Życie to nie igraszka lecz poważna gra
Pełna wyzwań radości czasem bólu
Szukamy sensu i celu w życiu
W biegu dni nocy w blasku światła i cieni.

Początek jest dniem w promieniach nadziei
Marzenia jak gwiazdy na niebie błyszczą
Ale droga często podąża w labirynty
Pełna pułapek i zwątpienia chwili.

W pośpiechu zapominamy często
O wartościach istotnych w miłości brzmieniu
Pędząc za sukcesem złotem i chwałą
Błądząc w troskach i zwykłym myśleniu.

Nasze życie to nie tylko trudy
To również miłość uśmiech i otucha
W promieniu bliskich gestach i troski
Odnajdujemy sens i siłę ducha.

Życie to nie igraszka to melodia bycia
Pełna nut radości płynących z serca
Niech każdy dzień będzie nową stroną
W księdze naszego życia miłości i troski.

Idziemy

Z nadzieją do przodu idziemy
Optymistycznie otwarci na świat
Nie zważając na kłody pod nogami
Zdani na los i liczne dramaty.

Rzeczywistości nieprzewidywalnej jutra
Nadzieje zamierzenia radości
Zdani na czasowe planowania
Niezbędnych do życia konieczności.

Startuję do życia w nadziei
Że jutro się stanie piękniejsze
Otrzymam siły i chęci do pracy
Własną świadomość powiększę.

Nadzieja jest łaską Boskiej Opatrzności
Udzielana dla świata nieustannie
Życiowe problemy zamierzenia
Bez początku i przedawnienia.

Zabieganie o dobra materialne
O grobowce drążone w skale
Trud za dnia i późną nocą
A doprawdy dlaczego i po co.

Przemijanie - gra w czasie

Czas w którym stawiam pierwsze literki
Czując myślowe płoche rozterki
A to prawdziwie teraz się dzieje
Rozbudza w sercach nowe nadzieje.

Rzeczywistości takie nie inne
Wolność i prawda trwanie przez życie
Spełni się w życiu o czym marzymy
Czuć to i widać w pełnym rozkwicie.

Typowe zmiany zasługą czasu
Nocka południe i ranek wcześnie
W samych marzeniach i w czasie pracy
A dodatkowo spełnione we śnie.

Myśleć i zgodnie żyć codziennością
Cieszyć się życiem i radością napawać
Popierać dobro zła nie uznawać
Zbędnego trudu sobie nie zadawać.

O bosych stopach z poranną rosą
Nie iść gdzie tylko oczy poniosą
Dbać o normalność z racji natury
Aby doczekać emerytury.

Emerytura jest tutaj niezbędna
Siły odchodzą gdzieś do lamusa
I pozostało cieszyć się tylko
W każdym spojrzeniu radosną chwilą.

Boże Narodzenie 25 grudnia 2023 r.

Poranek dzisiejszy Bożego Narodzenia
Nasza Córeczka Joasia pofrunęła do Chicago
Tęsknota w sercach niczym powiew wiatru
W promieniach blasku słońca wirujących falą.

W oczach Mamy Tereski i Taty Stasia
Łezki spływają jak krople rosy
Joasia w górze faluje nad ziemią

Zostały wspomnienia jak kwiaty kwitnące
W tęsknocie szepczą i w sercach rumienią.

Za oknami w Lawrence nasze myśli tęsknią
Żywą melodią usłaną wspomnieniem
I dźwięki miłości co nigdy nie milkną
Ze wspólnych spotkań wielkim wydarzeniem.

Zmiany kulturalne

W naszej kulturze ciągle się zmienia
Zasady osądy i poróżnienia
Książki niemodne wiersze niepłodne
Wiele refleksji i przebarwienia.

Powstają dzieła wręcz komunalne
Politykierskie dziwnie nachalne
A historyczne są zamienione
Na coś odwrotne upolitycznione.

Dużo jest książek o dobrodziejstwach
A na normalne brakuje miejsca
Pisarz rozpyla kosmate myśli
I pisze o tym co mu się przyśni.

Ktoś tam wspomina o zimie latem
Woźnica dostał od konia batem
Pan przypadkowo z krainy marzeń
Z prostego kmiecia został cesarzem.

Fraszki niemodne dramaty zgrozą
A kabarety częściej się mnożą
Gorące brawa za polityczne
Czasopism stosy - coś idiotyczne.

A melancholia się udzieliła
Duże postępy w myślach zrobiła
A od Mojżesza niezłomna rzesza
Wręcz na kolanach z góry pociesza.

A polityczne dzieła na czasie
Teorie spiski - na ile da się
Tu się pomija biedę i nędzę
A ich wydawcy zyskują kasę.

To coś zawiera - co mózgi niszczy
I nie wiadomo co w trawie piszczy
Po przeczytaniu w buziaku sucho
A dodatkowo w oczach się iskrzy.

A dawne dzieła teraz niemodne
Płoną na stosach są niewygodne
A za tym również obelgi idą
Nie ma umiaru i żadnego wstydu.

Jak dostosować się do przyszłości
Oprzeć na prawdzie i roztropności
By to utrwalić w pewnym sposobie
Stworzyć poemat o samym sobie.

Coś o wygodzie i samochodzie
Własnym ogródku i hulajnodze
I osiągnięciach na przykład w sporcie
O mocnej kawie i słodkim torcie.

I nie zapomnieć o osiągnięciach
O zbliżających niedługo świętach
O tym co często najbardziej kusi
Że głowa boli - chociaż nie musi.

Teraz przeczytaj co napisałeś
Czy własny talent w tym zachowałeś
Czy ważne sprawy są uwzględnione
Zrób to serdecznie z niskim ukłonem.

Oaza spokoju

Oaza spokoju grą w ciszy
W cieniu drzew gdzie słońce jaśnieje
Wiatr tańczy liśćmi wachluje
A rankiem się budzą nadzieje.

Tam strumienie leniwie płyną
Kamienie na dnie migocą
W oazie kwitną marzenia
A dusze odnajdują spokój.

W piasku gorącym stopy odpoczywają
W cieniu palmowych gałęzi
A niebo wieczorem gwiazdami złocone
W naturze nasz świat jest piękny.

Oaza spokoju na zawsze
Od zgiełku schronienie daje
Tutaj serce oddechy pomnaża
W harmonii błogiej ciszy wyraża.

Oaza spokoju jak łaska nam dana
W naszych sercach jak balsam z rana
W jej ciszy słyszymy odgłos śpiewu
Wolna od smutku trwogi i gniewu.

Warto odnaleźć tę oazę spokoju
W samym sobie w drugim człowieku w przyrodzie
Bo w spokoju jest siły pomnożenie

Tak wielkie dla życia ma znaczenie.

Zasłynąć

Zasłynąć - o sobie dać znać
Ktoś chciał nauczyć się grać
A przysłowie głosi stare
Nie chce grać - to rzuć gitarę.

Niechaj skamle w jękach tonie
Zagraj na akordeonie
Próbuje z siebie coś dać
Akordeon też nie chce grać.

Dorwał się do fortepianu
Aż mu ślina cieknie z buźki
Tłucze pięścią tam i tu
Fortepian ani mru mru.

I nastała dziwna przerwa
Pomyślał - zagram na nerwach
Tylko sobie po kryjomu
Bo nikogo nie ma w domu.

Udało się - jest pełen werwy
Zagrał puściły mu nerwy
Gra melodia z grubsza z cicha
Płacze z żalu głośno wzdycha.

Niektórzy zachodzą w głowę
Skąd biorą się struny nerwowe
Co wynika z tej puenty
Kto jest winien?
                    Instrumenty.

Bezszelestnie

Zwyczajnie przypadkowo bezszelestnie
Przy akompaniamencie cichego echa
Biegnę radośnie przed siebie
Do samego siebie się uśmiecham.

Na krętej wyboistej ścieżynce
Osnutej szarością mgły porannej
Nie zważając na korzenne pułapki
Bez kompasu i drogowej mapki.

Las się kończy - co dalej się stanie
Nowe czeka na mnie zadanie
Piękna droga przede mną równina
Muszę biec nie mogę się zatrzymać.

Niespodziewana są losowe wymogi
Kręte ścieżki i wyboiste drogi
I ciągle zmieniające się zadania
Odrębności i znaki zapytania.

Jest mi dobrze a będzie jeszcze fajniej
Poznam nowe świata niespodzianki
Zachowam to co jest najłaskawsze
Siły zdrowie i pamięć na zawsze.

Samo życie - jak ścieżynka leśna kręta
Dni powszednie uroczystości i święta
Niepowtarzalne zdarzenia i sukcesy
Dlaczego? po co?
                         Gdzie mam się spieszyć?

Globalizm

Nadchodzi globalistyczna era
Start klasy robotniczej od zera
Co dotąd było przez nas uzbierane
Zostanie nam wkrótce odebrane.

Post dla wszystkich bez wyjątku
Wszelkich pretensji zaniechać
Nie uwzględniono wolności
I poczucia tożsamości.

Zakaz wyjścia z domu bez maski
Broń Boże używać laski
Myć się tylko raz do roku
I nie nadużywać kroków.

A co jest najbardziej romantyczne
Śpiewać pieśni patriotyczne
W pojedynkę nigdy w chórze
A na dole nigdy w górze.

A co dalej za tym idzie
Po jednym marzeniu na tydzień
Może zakończyć się wynikiem
Jestem kogoś niewolnikiem.

Ale nie zamierzam się poddać
Temu komuś za marne grosze
I osiągnę to czego pragnę
Gdy Opatrzność Boską poproszę.

Dzień Ojca 15 czerwiec 2024 r.

Dzisiaj świętujemy Dzień Ojca serca się radują
Pragnę podziękować Żonie Teresce i moim Dzieciom
I wszystkim bliskim co mi miłość okazują
Za każdy uśmiech i każdy gest
     Za to że mogę w Was życie wpleść.

Dzieci moje bliskie sercu mojej duszy
Wasza radość każdy smutek kruszy
Wasze miłe słowa i duże czyny
Napełniają mnie dumą i dodają siły.

Dziękuję Wam za wspólne spędzone chwile
Za szczęścia co cieszą dużo razy tyle
Za Wasze uśmiechy troski i marzenia
Za to że jesteście moim źródłem natchnienia.

Niech ten dzisiejszy piękny dzień czerwcowy
Przypomni Nam o tym zawsze i wiernie
Jak ważni jesteście kocham Was niezmiernie
Dziękuję Wam Dzieci moje z głębi serca wzruszeń
Niech Wasza miłość trwa w radości duszy.

Życzę Wam szczęścia i zdrowia bez miary
Nadmieniam że jestem młody i nigdy nie będę stary
Dziękuję raz jeszcze z całego serca moja kochana Rodzino
Zapraszam na smaczny obiad na spacer
     i słodkie czerwone wino.

Pozdrawiam dziękuję i Was przytulę
     Stasio Pysek Wasz Tatulek.

Sprawdzone przepowiednie

Przepowiednie różnej treści
Smutne gnuśne i wesołe
Ktoś sam sobie przepowiedział
Że wkrótce zostanie aniołem.

Został aniołem - sprawia się dzielnie
I reklamuje ognie piekielne
Zarabia w piekle niemałe krocie
I nieźle zna się na tej robocie.

Czy narzeka że nie trafił szóstkę
A odwrotnie zyskał żałość i pustkę
Ktoś inny rozdaje tu karty
Los bywa nieznośny uparty.

A życie niczym płonne abecadło
Istniejemy bo tak nam przypadło
A los nas niezmiennie szanuje
Z radością do grona przyjmuje.

Bywa tak że nie uwierzycie
Ktoś taki przeszedł przez życie
Oddał wszelkie oznaki uczciwości
Uzależniony od plagi chciwości.

Przepowiednie się sprawdzają
Nie zawsze ale czasami
Ów osobnik jest aniołem
Ale z długimi rogami.

Życie się powtarza

Życie się powtarza jak słońca wschody
Każdy kolejny dzień to nowe epizody
Rankiem budzimy się z marzeń sennych
Wieczorem wracamy do ciszy przestrzeni.

Kwiaty zakwitają wiosną pełną barw
Lato wita gorącem jesień złotem kusi
Zima dla odmiany mrozi wspomnienia
Wiosna z kolei budzi z uśpienia.

Miłość przychodzi jak wiosna po zimie
Ciepło jej uniesień rozkwita w pełni życia
Radość i smutek spleciona w jednej pieśni
Wszystko powraca choć zmienia swoje treści.

W prostych czynnościach codziennym życiu
Odnajdujemy piękno powtarzalności
Każdy gest choć znany nową wartość niesie
Każde słowo powtarzane o innej jakości.

Każda chwila jest nowym początkiem
Każdy dzień szansą na nowe odkrycie
W cyklu niekończącym się wiecznych powrotach
Zgodnie z przeznaczeniem żyjemy pełnią życia.

Wzorem nieba

Gwiazdy migocą na bezkresnym niebie
Blaskiem noc czarną okrywającą
Srebrzyste księżyce połyskują dumnie
Tworząc historię nie powtarzającą.

Wiatr delikatnie muska obłoki

Światło wierszem migoczącym w nocy
Niebo jest genialnym poetą wolności
Trwa niebywale z mocy wysokości.

Planety tańczą w orbitalnym wirze
Grawitacją okiełznane w kosmicznym teatrze
W bezkresnym kosmosie trwale bezszelestnie
Harmonią bez końca bezpiecznie i wiecznie.

Trafiają się

Trafiają się niezłe bomby
Kupił słonia lecz bez trąby
Ale z zapasowym kołem
Nie wydaje się wesołe.

Mysz się zakochała w kocie
Nieszczęściem przy wolnej sobocie
I szybko się odkochała
Tylko ślina po myszce została.

Ktoś chciał światem pokierować
Produkuje błyskawice
Ale iskrę gdzieś zapodział
I odszedł na psycho - oddział.

Skarżył się do szefa demon
Że to co jest złe to nie on
Szef mu podniósł cenę chrustu
W piekle zimno brak odpustu.

Ktoś był zawiedziony wielce
Twierdził - że winne jest serce
Bo bije czasami za głośno
Dlatego mu włosy nie rosną.

Słuchać tego nie jest miło
Generał policji wysadził komendę
Zamiast zostać ukarany
Orderem odznaczyli mendę.

Tłusty Czwartek 2023 r.

Dzisiaj się dzieje i to niemało
Tradycyjnie jest na modzie
Dzionek zdaje się zwyczajny
Jak zwykle czwartek po środzie.

Twierdzę - czekać było warto
Cały rok i aż do czwartku
Miło jest stanąć w alejce
Po smaczne pączusie w kolejce.

Szesnasty luty choć marzną rączki
Wielka ochota na pulchne pączki
Przy Tłustym Czwartku tradycji wierni
Truchcikiem biegnę dziś do cukierni.

A najważniejsze z tego wynika
Kupię bułeczki oraz torcika
I czekoladki oraz wanilię
Bukiecik kwiatów na piękne chwile.

Warto spróbować w kucharskim kunszcie
Na własnym ruszcie pączki usmażyć
Lecz za wcześnie nie próbować
Bo można usteczka poparzyć.

Świeżutkich pączków półmisek pełny
Życzę smacznego i relaks świetny

Duży czy mały chudy czy gruby
To czas przed postem niemałej próby.

Szczera prawda

Bardzo często spotykamy się we śnie
Idą ku mnie w myślowym szeleście
Rodzinni znajomi i poznani
Między wichry strudzeni wygnani.

Widzę ich chwiejące się postacie
Za wzrokiem utkwionym w dal sine
Którzy żyjąc się ze mną spotykali
Tworzyliśmy jedną ludzką rodzinę.

Szczera prawda i nic do ukrycia
Wspólne chwile rozterki przeżycia
Podążają zamyśleni zrezygnowani
Umarli pogodzeni kochani.

A sen czy może być przypadkiem
Wśród tłumu rozpoznałem Ojca i Matkę
Oraz swojego rodzonego Brata
Tak niedawno odeszłych ze świata.

A to stało stało niezwykle nagle
Zatrzymajcie się - utkwiło mi w gardle
Podążyłem uparcie za tłumem
Tego co się zdarzyło - wytłumaczyć nie umiem.

Los rowerek

Wygrany rowerek na konkursie w Chicago
To Naszej Córeczki Joanny zasługa
Nastał piękny słoneczny poranek

A przed Stasiem droga długa.

Staś jeździ teraz szybciej i częściej
Rowerek przynosi mu szczęście
Pedałuje jak ptak co w górze lata
Sto kilometrów na godzinę - na koniec świata.

Pędzi Staś Pysek rowerkiem wniebowzięty
Wesoły bez kompleksów i troski
Na bajecznie nowiutkim rowerzyku
Przez pola miasta i wioski.

Wiatr prześcignąć - to jest sztuka
Pędzi przed siebie - a droga długa
Aż się w parku ptaszki dziwią
I pedały często krzywią.

Zostać sobą

Być wesolutkim czy smutnym
Skąpym być może rozrzutnym
Słabym na odwrót silnym
Prawdomównym czy omylnym.

Zgodnie z własnym powołaniem
Robolem być czy kapelanem
Prowadzić życie wesołe
Broń Boże zostać upadłym aniołem.

Bogatym być czy debiutantem
Nie polecam być policjantem
Obibokiem zamordystą
I od niczego lobbystą.

A kimś być to trzeba chcieć

Pracować na chleba kromkę
AIbo lenić się od zawsze
Z samym sobą wziąć rozłąkę.

Zdarzy się że z pewnych przyczyn
Ktoś zdobył się na taki wyczyn
Wygląda to na rodzaj nijaki
Został tak zwyczajnie z niczym.

Nic i coś - różnice w pełni
W życiu każdy na coś liczy
Trwa to zawsze całą dobę
Ze względu na własną osobę.

Szkodliwość palenia papierosów

Wiadomo o co w temacie chodzi
Na co dzień to się widzi i czuje
Palenie papierosów szkodzi
Zdrowie bardzo się rujnuje.

Dym i nikotyna to trucizna
Płuca cierpią serce blednie
W dymie czai się rak płuca
Życie skraca się to pewne.

Palenie szkodzi w każdym czasie
Skóra blask traci żółkną zęby
Dzieci dym wdychają z boku
Dym się czai w spojrzeń wzroku.

Nikotyna truje i zabija powoli
Wpływa na zdrowie jak zła iluzja
Wolność się zmienia w częste nałogi
Na ścieżce zdrowia straszna kontuzja.

Oszołomione płuca duszności nocą
Palenie papierosów drogo kosztuje
Jak chronić zdrowie unikać palenia
Niech życie nam radość buduje.

Kołyska

Przyjechało pod dom horro
Ubrane w zielone moro
Na głowach żelazne nakrycia
Przy pasach - pały do bicia.

Zabrali ostatnią kolebkę.
Trudno wspominać i pisać
Twierdzili - że to jest konieczne
Bo nie ma mnie komu kołysać.

Napisano mi - to powiem
Że niesforne przypominam niemowlę
Wpatrzone w ekrany komórki
Ze strachem i gęsiej skórki.

A laptop nie spuszcza mnie z oka
Ponagla - masz ciągnąć smoka
I wierzyć we wszystko osiłku
Inaczej to rózgą po tyłku.

Nic nie zostało więc co zabierać
Spierać ze sobą też nie przystoi
Ale jest pewne coś trzeba robić
Bo krówka sama się nie wydoi.

Chcąc tworzyć na buzi wdzięki
I zostać na życia kobiercach

Niemowlę - naucz się myśleć
Nie przyjmuj facebooka do serca.

Rocznica Urodzin Joanny

Piękny dzionek jesienny
Czternasty listopad 2023 roku
Dzisiaj jest Rocznica Urodzin Joasi
Do zimy już tylko parę kroków.

Za oknami słonecznie i uroczyście
Wiatr zawiewa listkami drzew
Kłębiące na niebie chmurki
Na ścieżynce flirtujące wiewiórki.

Ze wstającym rankiem wczesnym godzin
Życzymy Tobie Nasza Droga Joasiu
Wszystkiego Najlepszego
          Dużo Zdrowia i Pomyślności
          Spełnienia Najskrytszych Marzeń.

Cała Rodzina i Przyjaciele nasi
Wznosimy Toasty za Zdrowie Naszej Joasi
Jesteśmy szczęśliwi w rodzinnym gronie
          Dzisiaj i tutaj i w każdym czasie.

Doświadczyć na zawsze

Sława początek i koniec
Niezależnie od ilości monet
Całkowicie nie zawsze bezpiecznie
To wszystko nie będzie trwać wiecznie.

Doświadczyć tego czego nie ma
Być może i nigdy nie będzie

A drogi życiowe są kręte
W nieznanym przyszłości zapędzie.

Nie zawsze możemy zaufać
I wierzyć że wszystko osiągniemy
Nie można się jednak przejmować
O to - co nam się nie spełni.

Liczni sławni w minionych pokoleniach
Co wszystko widzieli w kolorze
Sumienia i godności zatracili
Zasłużeni - że pożal się Boże.

A my pokorne ludziska
Budujemy na placach pomniki
Tym co namawiali nas do wojny
Z odległej milowo Ameryki.

Historia i dzieła ziemskie
Bywały przegrywane i zwycięskie
Przeminęły i odeszły do nicości
W tumulcie zgiełku i niejasności.

Kto wymyślił ból

Kto wymyślił ból i dał mu imię
Czy to kaprys losu czy człowieka wina
Czy ból to cena którą płacimy za życie
Czy może to dusza co w tęsknocie drży.

Kto wymyślił ból i dał mu moc
By w sercu człowieka zagościć na noc
Może to pytanie bez odpowiedzi
Lecz w bólu jest życie które nas prowadzi.

Czy ból to nauka co mądrość przynosi
Czy to ręka Boga czy losu chłodny szał
Czy ból to droga która prowadzi ku lepszemu
Czy może to cień co otula w mroku.

Kto wymyślił ból nikt nie wie
Bo ból to tajemnica co w sercu żyje
Jest częścią naszego bytu jak noc i dzień
Jest echem losu lecz wciąż niesie cień.

Kto wymyślił ból i dał mu siłę
By dręczyć serca i władać każdą chwilą
Może to pytanie co w wieczności trwa
Bo ból to część życia co w nas tkwi.

4 Luty 2023 r.

Luty śnieżny chłodek tęgi
Widać i czuć już od poranka
Na szybach mrozek kwiaty maluje
Wiaterek ze śniegiem flirtuje.

Szybko mkną zimowe dni
Wiosna jeszcze smacznie śpi
Słoneczko przeciera oczęta
O wiośnie na pewno pamięta.

A wiosenka wniebowzięta
Zaprosi nas wkrótce na święta
Będzie miło i przytulnie
Słonecznie kwieciście bezchmurnie.

Pozbędziemy się wełnianych czapek
Szalików i ciepłych spodni
W krótkich cienkich bluzeczkach

Będzie ładniej i wygodniej.

Poczekajmy jeszcze troszeczkę
Na dłuższe dni cieplejsze radosne
Do marca dzielą nas tylko chwile
Wkrótce powitamy wiosnę.

Wiosna tylko na to czeka
Ze słoneczkiem pręży nóżki
Wkrótce ptaszki zaćwierkają
W ogródkach pojawią się kwiatuszki.

Zdziwienie: konsekwencje

W Raju pojawił się człowiek
Taki jakim Bóg go stworzył
Zdziwiony gdzie się znajduje
Rozglądnął się i zatrwożył.

Na fotelach zgrabne laski
Nikt na buzi nie ma maski
Na piersiach złote łańcuchy
A co dziwne płaskie brzuchy.

Pan Bóg obejrzał człowieka
Rzekł - człowieku zgrzeszyłeś
Pracowałeś całe życie
Powiedz czego się dorobiłeś.

Wznosiłeś modły nad światem
Kończące się często dramatem
Robiłeś czartowi przysługi
Przedstaw mi swoje zasługi.

Człowiek ogromnie strwożony
Serce ze strachu w nim się kraje
Z paszczy ogromnego węża
Straszliwy syk się wydaje.

Stracił human swoją godność
Normalność i osobowość
Kolejna szansa go czeka
Od szympansa do człowieka.

Jak udowodnić sobie że żyję

Jak udowodnić sobie że jestem
W oddechu rytmie czy ruchach dłoni
Na ścieżkach życia wolności i prawdy
Czy w słowach które giną na wietrze.

W kartach dziennika zapisuję dni
W wierszowych słowach ból i radości ukryte
Czuję dotyk wiatru smak deszczu na wargach
Szukam dowodów na istnienie moje.

Jak udowodnić sobie że jestem w miłości
Co serce wypełnia po brzegi
W nadziei co w mroku rozbija jak gwiazdy
W codziennej walce co daje mi siłę.

Nie potrzebuję dowodów nie szukam znaków
Wiem że jestem bo czuję że jestem
W serca rytmie tętniącym pulsie ziemi
Udowadniam sobie że żyję codziennie.

Jak udowodnię sobie że jestem
Wystarczy spojrzeć posłuchać i poczuć
Bo w każdej chwili w każdym doświadczeniu

Jestem - i to jest dowód bezcenny.

Jestem sobą

Jestem sobą w mgnieniu każdej chwili
W oddechu ziemi błysku spojrzenia
Gdy duszy innych dotykam serc
I czuję tak biją w rytmie wspólnym.

Jestem sobą gdy czas się zatrzyma
W spojrzeniu matki dziecka uśmiechu
W otoczeniu bliskich co trwają przy mnie
Jak ciche anioły w ciepłych słowach.

Jestem sobą w tym samym czasie
Gdy słońce wschodzi na niebie w blasku
A krople rosy w ciszy poranka
Na liściach lasu snuje marzenia.

Jestem sobą w tym samym czasie
Gdy życie wartko płynie strumieniem
I choć zmieniają się pory roku
Wciąż odnajduję siebie.

Jestem sobą w każdym teraz
W każdej myśli w każdym czynie
W każdej odrobince istnienia
W snach odkrywam kim jestem naprawdę.

O niczym i coś jeszcze

Zastanawiać się nad niczym
To jest i nie lada wyczyn
A nie może przejść przez głowę
Że to coś jest kolorowe.

Uczeni twierdzą że nasza dusza
To jest coś co się porusza
Bywa że często podryga
A nawet oczami mruga.

Zły duch i dobry duch
Każdy działa w inną stronę
Ciekawe jak przechodzą przez pasy
Zapali się światło czerwone.

Kij - czy to jest to samo co laska?
Nic na tacę - czy to łaska?
Ciekawe czy przy wejściu do nieba
Też obowiązuje maska?

Zakręt nie powstał sam z siebie
On jest tylko wymyślony
A woda pochodzi od lustra
Dlatego płynie i chlusta.

Z reguły jest bardzo przyjemnie
Kierować spojrzenia na ziemię
A gorzej się do tego nakłonić
Próbować spojrzenie dogonić.

Emeryci

Emerycie - gdy w portfelu masz pustki
Serce wysiada rak trzustki
Sześćdziesiątka grubo przekroczona
Twój czas się rychło dokona.

Zanim pojednasz się z Bogiem
Który nieba ci za darmo uchyli

Zjedz cebulę na surowo
Nie słuchaj bzdurnych paszkwili.

Byle czym głowy nie frasuj
Decyzje podejmuj rozważnie
I pewnych nakazów z góry
Nie traktuj zbyt poważnie.

Użyj własnych argumentów
Darmozjady dość swawoli
Zakończyła się nagonka
Stop - rozumy do kontroli.

Nie zakrywaj buzi szmatą
Strzel kielicha utrzyj pyska
Staraj się żyć tak na luzie
Do setki dociągniesz łobuzie.

Balans w czasie

Czas jest w nas i bez wyjątku
Bez końca środka początku
Nie karmi się chlebem i solą
I jest pod własną kontrolą.

Czas umyka z każdą chwilą
Łatwo można zauważyć
A jak dotąd nie zbadano
Gdzie naprawdę się gromadzi.

Czas jest niezbędny w zdarzeniach
W zdrowiu i naszych sumieniach
W pracy wypoczynku i geście
I gdzie mu się podoba jeszcze.

Czasem zbędnie się przejmować
A dysponować rozsądnie
W czasie lepiej balansować
Odpocząć i wyspać się porządnie.

Ktoś próbuje czas przekupić
Ale to jest zbędna gierka
Nie pyta ile czas kosztuje
Ale na zegarek zerka.

Kto więc ma tak dużo czasu
Bardzo zawiłe i nieodkryte
Ponoć masz najwięcej czasu
Głowa w górę emerycie.

Rocznica Urodzin

W tym dniu wyjątkowym 13 czerwca 2024 roku
Pełnym blasku słońca
Z Okazji Urodzin Naszej Klaudii i jej Synka Dominika
Niech uśmiech na Waszych buźkach nie gaśnie
Wszystkie troski w dal ulecą
A radość i miłość w sercach
Płynie głośnym śpiewem w niebo.

Dominiku Wnuczku Nasz Kochany
Z każdym dniem odkrywasz cudy życia
Niech Twoja droga będzie pełna szczęścia
Wszak uśmiech to dar najpiękniejszy.

Dla Naszej Klaudii od całej Rodziny
Składamy dzisiaj serdeczne życzenia
Niech każdy dzień przynosi Tobie radość i spokój
I miłość otacza Ciebie.

Wspólnie te chwile małe i duże
Niech będą jak kwiaty w rozkwicie
Życzymy Wam zdrowia spełnienia marzeń
A każda chwila uszczęśliwia życie.

Niech Nasz Dominik rośnie w zdrowiu i miłości
Pod Mamy i Taty skrzydłami
W domu pełnym ciepła i miłości
A spokój i radość na zawsze pozostanie w sercach.

Babcia i Dziadek i cała Rodzinka z życzeniami
                    Jesteśmy z Wami.

Nowy początek

Witamy dzionek świeżo wstający
Ze świtem nowe nadzieje przyszły
Wiatr tańczy liśćmi ptaszki świergocą
Promienie słońca w sercach rozkwitły.

A na początek - co u was słychać
Marzenia trzeba będzie zapisać
Słoneczko świeci i serca biją
Trzeba się cieszyć jest czym oddychać.

Nowe przygody i tajemnice
Pośpiech do pracy ruch na ulicy
A każdy kroczek tańcem radosny
W zgodzie szacunku i uprzejmości.

Nowy dzień i kolejna opowieści
Wierszem czasu kropelkami zapisana
Od teraz życie płynnie się zmienia
Niech się spełniają nasze marzenia.

Rocznica Urodzin Dariusza 22 czerwca 2024 r.

Czterdzieści dwa lata minęły jak sen
Dzisiaj Dariuszu świętujemy Twój dzień
Wspomnienia jak promienie słońca powracają
A nasze serca życzenia przesyłają.

Niech Twoje marzenia spełniają się bez trudu
Dobry los oszczędza od wszelkiego chłodu
Twoje dni będą pełne pokoju
I każdy dzień przynosi nowe szanse
A Twoje serce zawsze tętni w tańcu.

Dziś w Rocznicę Twoich Urodzin Dariuszu
Przesyłamy Tobie najszczersze życzenia
Byś był szczęśliwy i spełniał marzenia.

Niech ten dzień wyjątkowy
Będzie początkiem zawsze przyjaznej drogi
Pełnej miłości radości i zdrowia
Wszystkiego co najlepsze Dariuszu Kochany
            Wszyscy cała Rodzinka życzenia Tobie składamy.

Jak żyć i nie umierać

W labiryncie krainy ludzkich losów
Tam gdzie cienie snują się we światach
Poszukując sensu drogi życia znaczenia
Głos serca woła o prawdę przeznaczenia.

Jak żyć? Pytają się duchy nocy
Gdy gwiazdy tańczą w senności
Wiatr niesie stare opowieści
O miłości nadziei i przeszłości.

Nie umierać - żyć pełnią dni codziennych
W mroku nie zgasnąć świecić w słońcu
W każdym uśmiechu jest prawda ukryta
Tajemnica szlachetna i zaszczytna.

Wędrować przez życia góry i doły
Zbierać doświadczeń barwne bukiety
Życie jest sztuką a śmierć jest snem
W którym dusza odnajduje spokój święty.

Jak żyć i nie umierać? Pytają znowu
Każdy odpowiedzi szuka dla siebie
W nocnej ciszy w szumie wiatru
W słońcu deszczu wędrówce po niebie.

Odpowiedzi nie ma w księgi kartach
One biją w sercu człowieka
Jak żyć i nie umierać - pytanie
Pieśń się nie kończy - trwa jak wieczny taniec.

Zapędy

Co nazywamy dobrobytem
Istnieją dowody niezbite
Wszelkie materialne dobra
Złoto węgiel gaz i ropa.

Ciągły pęd do dobrobytu
Piękne pałace baseny
Ale co się za tym kryje
To nie wszyscy o tym wiemy.

Tamten ustrój już się przejadł
Nietypowy program upadł
Kary już się przedawniły

Wziął pożyczył a nie ukradł.

Nowy ustrój niezła frajda
Wszystko niby kolorowo
A codzienność pokazuje
Że niejeden kręci głową.

Co się kryje za dramatem
Garstka ludzi rządzi światem
I stwarzają własne prawa
Bardzo podejrzana sprawa.

Cóż więc czynić w tym temacie
Płakać śmiać się jak wytrzymać
Radzę - myśleć po swojemu
Nie pozwolić się wyd...

Horror 1111 r.

Byłem wtedy bardzo młody
Krzepki silny wypoczęty
Trochę może nawet dziwny
Lecz myślący pozytywny.

Myślami błądząc daleko
Cofnąłem się do dawnych wieków
Zdarzyło się aż oniemiałem
Nigdy z tym się nie spotkałem.

Znalazłem się na zamczysku
O szóstej z samego rana
Tubylcy jak mnie ujrzeli
Wszyscy padli na kolana.

Liczni płakali i mdleli

Kogoś takiego jeszcze nie widzieli
Słuchając mojego głosu
Myśleli że jestem z kosmosu.

Pokazałem im telefon
I Nowego Jorku zdjęcie
Nie przewidziałem takiej reakcji
A było to już przegięcie.

Czarownik wpadł w euforię
Rozindyczył się potwornie
Rzucił we mnie garnkiem z gliny
Robiąc przy tym dzikie miny.

Krzyknął głośno łapcie diabła
Pochwycili mocne sznury
Zorientowałem się w porę
Ześlizgnąłem z wielkiej góry.

Udało się wróciłem do domu
Dzięki Opatrzności Boskiej
Aż trudno jest w to uwierzyć
Z czym się przyszło we śnie zmierzyć.

Od czego zależy mój los

Od czego zależy mój los
Gdy świt się budzi
Czy to jest decyzji trudny kłos
Czy cichej myśli szept i głos.

Czy może od gwiazd co we mgle
Piszą losu tajemniczą treść
A może od rąk co pracą w krwi
Tworzą przyszłości z dzisiejszych dni.

Od czego zależy mój los
Co w duszy melodie gra
Czy może od miłości ciepłych promieni
Co rozgrzewają zimne mroki dnia.

Od czego zależy mój los
Czy mogę go zmienić jednym słowem
A może od woli co we mnie drzemie
Czy od tajemnic co skrywa dusza.

Los jak rzeka płynie w dal
Niesie chwile które znam i nie znam
Czy to ja tworzę jego bieg
Czy to on kształtuje mój dzień.

Plan nie wypalił

Stało się plan się nie powiódł
Przypadkowo ktoś tu zawiódł
Ze względu na swoją postać
Nie jest tym - kim miał pozostać.

Urodził się legalnie i oficjalnie
To tak ważne w tym przypadku
Ojciec funkcjonował w komo
Co robił w policji wiadomo.

A mamusia katechetka
Nie była to praca lekka
Ciągłe zwroty na niebiosa
Pokutnie - głodna i bosa.

Każdemu jest zapisane
Syn nie został policjantem

Nie poszedł w tatusia ślady
Awansował został kapelanem.

Udowodnił co potrafi
Został właścicielem parafii
I szanuje swoją pracę
Talary mu sypią na tacę.

Matka syna się wyrzekła
Gdyż nie spełnił się w ubóstwie
A ojciec pewnej niedzieli
Oficjalnie się zastrzelił.

Coś się kończy I zaczyna
Kogoś to jest wielka wina
Wychować własnego syna
Z czego powstaje przyczyna.

A co na to wszyscy święci
Spróbować wszystko odkręcić
To jest raczej niemożliwe
Nikt za darmo nie poświęci.

Uwierzyć - ideały

Jak odnieść się do patriotyzmu
I w ideały uwierzyć
Muszę się wpierw zastanowić
I z rzeczywistością zmierzyć.

A rzeczywistość w praktyce
Popierana okrzykami do boju
I serca łomoczą czoła się pocą
A tak naprawdę - to o co?

A to już się nie wydaje
W tej grze ktoś karty rozdaje
Podjudza i roznieca zwady
Prowadzące do zagłady.

A ci co są patrioci na niby
Dużo krzyczą mało robią
O pierdoły robią hece
Ukrywają się za piecem.

Być patriotą musowo umieć
Własne dążenia rozumieć
Ojczyznę Matkę szanować
Wierności na zawsze dochować.

Patrioto uświadom sobie
Że w tej grze nie jesteś pionkiem
Powtarzane od wieków hasła do boju
Nie tworzą prawdy ani pokoju.

Powielanie nieprawdy

Nieprawda nie tworzy się sama
Kto myśli trzeźwo - to o tym wie
To jest niczym smagła rózga
Powstaje w człowieczych mózgach.

Jest kraj co nazywa się Polska
Walczy od wielu wieków wewnętrznie
Wraca do normalności na krótko
Dopóki coś znowu w nim nie pęknie.

A z góry ktoś cały czas ściemnia
Tego kraju już dawno nie ma
To tylko są po polsku napisy

A prawdę się widzi i słyszy.

Nie zmienił się hymn na ustach
Te słowa to frazesy i pustka
Patriotyzm bez ludzkiej godności
Nie sprzyja podstawowej wolności.

Mamy wolność prawdziwie naszą
Wandale nieustannie straszą
A dzieje się tak do tej pory
Czekają nas nowe rozbiory.

Zawsze razem

W zachodzącym słońca blasku bajecznym
Żona moja jak kwiat w ogródku ziemnym
Piękna jak zorza nad horyzontem
W spojrzeniu magicznym tajemnym.

W uśmiechu jak promień słoneczny
Rozświetla dni szare bezpiecznie
Ciepłem serca otula każdy krok
Życie wspólne jak sen trwa wiecznie.

Moja Żona jest najcudowniejsza
Zawsze przy mnie w radości i trosce
Wspólnie tańczymy w rytmie życiowym
Życie nasze jest ciągle czymś nowym.

Miłość nasza jak melodia w grze pośpiesznie
W oczach Żony blasku miłości trwa
Jej uśmiech to promień słońca żyje
Wie dobrze że moje serce dla niej bije.

Podejrzane testy

Przetestowano wariata
Podejrzewano że ma świrusa
Wariat się na test nie zgadza
Nie wolno do czegoś przymuszać.

Przez około dwie godziny
Wariat robił mądre miny
Stało się - nagle osłupiał
Negatywnie - bardziej zgłupiał.

Prowadzone są dalsze badania
Raz pozytywnie raz negatywnie
Prowadzący eksperyment
Też się zachowuje dziwnie.

Sam ze sobą o coś się spiera
Głową kręci uchem strzyże
Wstrzyknął w swoją żyłę dawkę
I osunął się na ławkę.

A komisja dała werdykt
Że się nigdy nie dowiecie
Pan magister bardzo zdrowy
Ale już na tamtym świecie.

A co jest tu bardzo dziwne
Całej prawdy nie odkryje
Wariat uciekł przed zastrzykiem
Hurra!
        Udało się!
                Żyje.

Spełnione marzenia

Pragnienia aż do nieskończoności
O dobrobycie szacunku wolności
Z dnia na dzień jest coraz większe
Zyskam i tym się upiększę.

Aby własny los odmienić
Ktoś zapragnął się ożenić
Oświadczył się i dostał mopem
Jak pomylił babę z chłopem.

Korzystając z pragnień wcześnie
Za dnia powinny się zdarzyć
Za to nocą aż do skutku
We śnie marzyć po cichutku.

Ktoś zapragnął posiąść góry
Wyższe od Pałacu Kultury
A z myślą o własnym pogrzebie
Ze strachu narobił pod siebie.

Mocarz posiadł niezłą krzepę
Rzucał młotem sierpem cepem
Zmienił płeć - a w roli żony
Sam do siebie jest podniecony.

Jak momentalnie pragnienia zmienić
Gdy czas nadejdzie - to się ożenić
Ale w dzień biały nie późną nocą
Z kobietą swoją i nigdy z obcą.

Poświęcenie

Poświęcenie w imię czegoś
Dla Ojczyzny Rodziny wiarę w Boga
To jest coś nadzwyczajnego
Długa często kręta droga.

Do poświęceń trzeba chęci
Hartu ducha i pamięci
A zrozumieć może każdy
Dobre cechy własnej prawdy.

Poświęcony dla sukcesu
Nie zważając na umiary
Udzielając się muzycznie
Pogryzł struny od gitary.

Pokonał własne zdumienie
A pomyśleć że to złudzenie
Udaje że fruwa w powietrzu
Czy to ma jakieś znaczenie?

Wieloryb w oceanie się schował
Bo wystraszył się robaka
Nie pomyślał o obronie
I po co jest ta cała draka.

Ktoś tak bardzo się poświęcił
Niefortunnie dla idei
Walczył o wolność i tam i tu
W trudnych warunkach i w czasie snu.

Rady teściowej

Teściowe w życiu rodzinnym jak perły
Dobrocią płoną i słońcem świecą
Mądrością i ciepłem obdarzają
Otuchą serca napełniają.

Teściowa jest prawdziwym skarbem
Bardzo cierpliwa służy radą
Wspaniałe Babcie dobre Mamy
A my wszyscy bardzo je kochamy.

Teściowa jest niezastąpiona
W uścisku działa jak lekarstwo
Pełna zapału kocha rodzinę
Rozwiąże problem i zna przyczynę.

Teściowa mądrze oceni wzrokiem
Nie zawsze zgodna w grę się wpisze
Czasem ostro skrytykuje
A sercem troskę wciela w ciszę.

Zawiodłem się na sobie

W marzeniach cieni i bladym świcie
W pustce myśli i serca ciężarem
Idę samotnie we własnym bycie
Szukam sensu trwania własnego wymiarem.

Moje ambicje górujące doniośle
Teraz złamane zostały obrócone w pyły
Marzenia ścigające na horyzoncie świetlnym
Moje nadzieje w proch obróciły.

Wszystkie moje kroki dążące do celu
Stały się częścią otchłani żalu
Widzę siebie w lustrze twarz moja się zmienia
W oczach utrata blasku widoczne cierpienia.

Każde moje słowo co pewnie brzmieć miało
Teraz pustym echem w przestrzeni się ściele
W sercu płynie gorycz trucizną niechcianą
Pragnienia ugaszone we mgle wiatrem niesie.

Sam siebie zawiodłem i sny moje własne
Nie potrafiłem się wznosić ponad nocy cienie
Straciłem wiarę co mnie napędzała
Na własnej ścieżce życia zagubiłem się.

Moje serce krwawi i dusza cierpi
Lecz w głębi rozpaczy kryje się nadzieją
By dźwignąć się z popiołów
I na nowo odkryć co w życiu jest miłe.

Moje porażki to część mojej drogi
By wzrastać i uczyć się na błędach własnych
Wciąż szukam światłości wśród cieni mroku
By odnaleźć siebie mimo przeciwności losu.

Dzień Ojca 15 Czerwiec 2023 r.

Dzień Ojca jest świętem pełnym radości
Nasze serca biją mocniej w potędze miłości
To czas by podziękować za wsparcie i troskę
Za każdy gest dobroci i słowa wyniosłe.

Ojcowie żyjący i Ci co odeszli gdy burze nadciągają
To ręce które podtrzymują gdy postacie upadają
To ciepłe uśmiechy w chwilach smutku i cienia

To wzory do naśladowania to siła i marzenia.

Dzień Ojca jest momentem by złożyć życzenia
Okazać wdzięczność bez chwili wahania
Za rady nauki i pomoc w wytrwaniu w trudzie
Za bezsenne noce i dni spędzone wspólnie
                              Na życiowej drodze.

Dzień Ojca jest świętem pełnym wdzięczności
Dziękujemy za wspólnie spędzone chwile w codzienności
Za nauki zabawy za śmiech i łzy
Za to że jesteś i byłeś Tato częścią naszych dni.

To dzisiaj w tym dniu wyjątkowym
Składamy życzenia z sercem radosne
Niech zdrowie i szczęście Ciebie Tato zawsze otacza
Dziękujemy że jesteś
                    byłeś
                              i będziesz

Nasza nadzieja przyszłość i praca.

Dobry teść

Być teściem zawsze się opłaci
Nic w tym wypadku się nie traci
Wspaniałym tatą z sercem jak złoto
Dzielnym i mądrym i chodzi tu o to.

Co by do tego jeszcze dodać
Zawsze gotowy rękę podać
Ciepłym uśmieszkiem trudy zniżyć
W gronie przyjaciół przyjaźni zbliżyć.

Teść człowiek bardzo doświadczony
Posłuży radą prosto z serca
Zawsze obecny i rodzinny
Wesoły mądry dyspozycyjny.

Dobry teść w domu jest niezastąpiony
Ktoś o wartości nieocenionej
Wpatrzony w niebo rodzinie służy
Pan Bóg to sprawi - by żył jak najdłużej.

Działalność świrusa

Działa świrus w polityce
Kazał nosić się w lektyce
A udawać zaczął osła
I kurzawa się rozniosła.

W parlamencie lubią świra
Ten rozrabia tak na niby
Zakuł się na amen w dyby
Dodatkowo wkręcił w tryby.

Coś takiego - może chyba
Taki świrus ciągle gdyba
Kto za gdyby płacić będzie
Dumny siedzi w pierwszym rzędzie.

Świrus udziela się w mowie
Wiadomo z jakiej przyczyny
Kombinuje w ekonomii
Wszędzie doszukuje się winy.

A to do refleksji zmusza
Ktoś utrzymuje świrusa
Nikt na pewno z górnej półki

Z pewnością to są bidulki.

Czy to jednak się opłaci
Świrus gdyba - reszta płaci
Stąd rozróby częste waśnie
Ktoś gorliwy wcześniej zgaśnie.

Taniec w czasie

Taniec w czasie w takt muzyki
Zwolniony z podatku i marży
Nóżki zwinne jak patyki
Sił do tańca musi wystarczyć.

Brzęk gitary dech zapiera
Akordeon grą podnieca
Dyrygent rozanielony
Wyprostowany jak świeca.

Czas nie kończy się na dźwięku
W nadziei odbija się echem
A do tego moce westchnień
Szał wzmożony rusza w przestrzeń.

Czas jest moim przewodnikiem
Troszczy się o mnie dwoi i troi
On jeden nie posiada cienia
Oraz daty urodzenia.

W czasie można los odmienić
Przypadkowo się ożenić
Wszystko może się przytrafić
Nawet do więzienia trafić.

Z czasem czuję się przyjemnie
Wciela się obok i we mnie
W mojej chęci i pamięci
Samo życie w czasie się kręci.

Odejdź dymie tytoniowy

Zgiń przepadnij papierosowy dymie
Twoja szarość wciąż mnie otacza
Z trującym wdziękiem tańczysz w powietrzu
Zakłamany kształt w duszę wtłaczasz.

Dymie twoje tańce życia niweczą
Udajesz piękność a w środku truciznę nosisz
Zapachem zdrady powolną wiedziesz
Rozmywasz i cichutko w cieniu znikasz.

Ty co białą przyszłość czynisz brązową
Rozprzestrzeniając swoje palące czary
Chowasz po kątach i w duszach mieszkasz
Niepotrzebny zabójczy krnąbrny i stary.

Ale nie dam się tobie dymie papierosowy
Widzę twoją maskę której nie zdejmujesz
Chociaż na pozór wydajesz się inny
Obłudę przejdę abyś mnie nie zatrul.

Sąsiedzi

Dzionek się kończy wieczór zapada
Wracam z zakupów witam sąsiada
Pytam o zdrowie mój przyjacielu
Jak na spotkaniu i po weselu.

Sąsiad odpowie ręki skinieniem
Ale na buzi widać cierpienie
Dzisiaj otrzymał aż dwa mandaty
Jak wracał z wioski do swojej chaty.

Wierzę w te słowa - ale się dziwię
Może kolega jechał po piwie
Pewnie się w barku zatrzymał na chwilę
Że wykazało aż trzy promile.

Trochę to dziwne - sąsiad abstynent
Coś nie pasuje - skąd wziąć przyczynę
I jeszcze mandat za brak gaśnicy
Pewnie się sierżant w sprawie przeliczył.

A się wydało wszystko niebawem
Sąd się uważnie temu przysłuchał
Bo te promile na alkomacie
Kontrolujący sierżant wydmuchał.

Jak by nie patrzeć to jest przestroga
Gdy się policjant słania na nogach
Niech w porę taką kontrolę przerwie
Mówi kamera ukryta w drzewie.

Moja wyobraźnia

Na czym polega moja wyobraźnia
To pytanie sięga w głąb umysłu
To świat bez początku i końca
A każda myśl w nieskończoność się rozwija.

Czas nie ma znaczenia w mojej wyobraźni
Godziny płyną jakby ich nie było
Tutaj przeszłość z przyszłością się zmienia

A chwila obecna jest wieczna.

To miejsce gdzie radość ze smutkiem są w parze
Każdy dźwięk to pieśń bez słów
Łzy i śmiech są w harmonii
A życie w pełnej mocy się wyraża.

Moja wyobraźnia jest oknem na świat
Wszystko jest możliwe bez żadnych granic
To przestrzeń gdzie dusza znajduje ślad
A każdy dzień nowym życiem.

Moja wyobraźnia to nieskończony sen
Każdy krok to nowe odkrycie
Marzenia są rzeczywistością
A życie nieopisanym pięknem.

Zawzięty

Uczony we wszystkich dziedzinach
Chciał wzrokiem świecę zapalić
Wykrzesać iskierki w oczętach
Aby świat go zapamiętał.

Długo mędrzec się wysilał
Modlił się i moce wzywał
Natura nie jest uklękła
Uczonemu żyłka pękła.

Szkoda żyłki mózg się wzdryga
Nie pomogły modły rzymskie
Ostatnie nadzieje prysły
Nici z tego - nie ma iskry.

Zawiódł mędrzec się na końcu
Błagalnie skinął ku słońcu
Własnego uporu przyczyną
Duchowo uleciał w dal siną.

W sinej dali tylko pustka
Nic nie widać i nie słychać
Tylko jakieś sine cienie
I duchowe otępienie.

Ktoś - kto nie wierzy niech posłucha
Nie powinno się wymagać od ducha
Takich niemożliwych rzeczy
Gdyż to samo w sobie przeczy.

Starość i radość

Emerycie - weź się w garści
Przestań ubolewać
Jeszcze głosik masz nie lichy
Spróbuj coś zaśpiewać.

Nie o wojnie czy o biedzie
Różnie to bywało
Ciesz się - że tam gdzieś w Korei
Członka nie urwało.

Usiądź z żoną w młodym wieku
Przy okrągłym stole
Niech wypowie własne żale
I twoje swawole.

Słuchaj bacznie i z uwagą
I nie próbuj się odgryzać
Ona zrobi smaczny obiad

Tak - że palce lizać.

Na początek ucałuj żonę
I umyj talerze
To powinno ją poruszyć
Ochoty nabierze.

Włącz gramofon niech muzyka
Pokusi do tańca
Proponuję rokenrola
Na początek walca.

I się stało co musiało
Stworzyły się chęci
Wino w główkach zaszumiało
Wróciły pamięci.

Dalej to już poszło gładko
Że nie uwierzycie
Przypomniało im to pierwsze
Na wsi w gęstym życie.

Ocierali się o siebie
Tak się nazbierało
Przytuleni wnet zasnęli
Nic już nie bolało.

Sprawy sedno

Przeszłość teraźniejszość przyszłość
Udziela się w jednym czasie
Najzwyklejsze sprawy sedno
Wszystkie czasy rosną w jedno.

Czas nie gaśnie wnika w głębi
Nie zapłonie i nie przeziębi
I nawet się nie zatrzyma
A często nieźle sobie poczyna.

Czasowe układy zbieżne
Tworzą stany niezależne
Ułożone w jedną całość
Nieznanego losu małość.

Z czasem nie uda się zerwać
Zaprzeczyć w czasie oderwać
Czasu nie da się zahamować
Zbytecznie jest z czasem wojować.

A kiedy można zyskać na czasie
To na sto procent podczas urlopu
A jeszcze bardziej z czasem się spotkać
To jest szóstka w totolotka.

Co może zdziałać przeciętny widz
Tak po prostu bardzo skromnie
Zależny od woli własnej duszy
Chce czy nie chce ale musi.

Ubóstwo

Życie w ubóstwie jest grą bardzo trudną
Zimą bez ciepła twarz zamarznięta
Szczęście w marzeniach nieosiągalne
To się wydaje nieodwracalne.

Być ubogim cichym skrytym
Marzyć głodnym bez wytchnienia
Na ulicy bezrobotnym

Szukając światła w transie cierpienia.

W narodzie biednym serca ciepło biją
Z braku bogactwa radości trwają
Choć chatki skromne lecz twarze dumne
W biedzie prawości cele rozumne.

W ubóstwie trwale tworzą się hymny
Życie się zmaga z cierpieniem w ciszy
Skarbem jest chlebek zwiędłe marzenia
Świat to zrozumie utrwali i usłyszy.

Będzie coś o

Polubiony przez siebie zapragnął
Zwyczajnie oświadczyć się sobie
Ożenić się ze sobą wkrótce
Na własnym weselu przy wódce.

To straszne że pewna sroka
Od roku nie spuszcza mnie z oka
Codziennie przede mną klęka
Aż serce we mnie pęka.

Pies uwiązał gospodarza przy budzie
A co na to wsiowi ludzie
I co jest w tym najstraszniejsze
Nietrzeźwego przy pustej butelce.

Miało być coś o miłości
Nie wyszło skończyło na próżni
Najgorsze rzeczy się liczą
Koń wilka straszył gaśnicą.

To przykre aż pęka serce
Każą robić a się nie chce
I golenie tępą brzytwą
Nie sposób dogadać się z sitwą.

Niebo - czyściec - piekło

Coś o końcu wiedzieć trzeba
Dotyczy to nieba i piekła
Zdarzyło się kiedyś przypadkiem
Z przestworzy wiadomość przeciekła.

W pierwszej kolejności niebo
Wiadomo ludzkości dotyczy
Wiara w Boga w pierwszym względzie
To w nagrodę niebo będzie.

Czyściec - to okres przejściowy
Kara za niesforne występki
Przez jakiś czas tęgie baty
Za ziemskie grzechy zapłaty.

Czyściec z reguły na krótko
Ciemno głucho i robota
Tu za ziemskie przewinienia
Kara jest do odrobienia.

Do piekła kolejki nie ma
Bez problemu diabli wezmą
Wszystko darmo smoła ogień
Bez przerwy solidnie na co dzień.

A jest problem że tak powiem
Tak na ziemi się utarło
Do nieba się dostać niełatwo

Niestety i nie za darmo.

Do niebios po ludzku jest problem
Nie jest łatwo że tak powiem
Broń Boże wiele nagrzeszyć
I za bogactwem się spieszyć.

Dostać się do nieba - a stąd wynika
Więc muszę się zwrócić do pośrednika
A pośredniczy tutaj Watykan
Co trzeba spełnić dalej wynika.

Chcę do nieba muszę stracić
Niestety za wszystko zapłacić
Nie sztuka wyciągnąć nogi
To jest jeszcze połowa drogi.

Na początek zanim umrę
Musowo oszczędzić na trumnę
Na świece i wodę święconą
I modlitwę odprawioną.

Wypada założyć krawat
Garnitur i buty skórkowe
Jakiś medal za zasługi
Wianuszek kwiecisty na głowę.

Grabarz weźmie swoją dolę
Na cmentarzu grosz za rolę
Niedługo pomnik sobie postawię
Ale jeszcze się nie zbawię.

To nie koniec - dalej tracę
I za wypominki płacę
Wzięli - ponoć ile trzeba

Czekam w kolejce do nieba.

Odpoczywam nie narzekam
Nic nie boli jeść się nie chce
Nic nie robię na leżąco
Raz jest zimno raz gorąco.

Raz na rok przybędą krewni
Że już w niebie jestem pewny
Zapalą znicze na moim grobie
I wspomną dobrze o mnie.

Że byłem dobry za życia
Nie dałem się poniżyć w biedzie
Życzą mi wszystkiego najlepszego
Że w niebie dobrze mi będzie.

Zostałem - sam na ziemi metrze
Spokojny szczęśliwy na wietrze
Utwierdzony zbawienną potrzebą
Czekam na obiecane niebo.

Czasowy eksperyment

Ktoś kiedyś zażartował z czasem
Tak po prostu nie wytrzymał
Starość zajrzała mu w oczy
W zegarze wskazówki zatrzymał.

Ale nie poprzestał na tym
Stłukł lusterko w drobny mak
Na kalendarzu podkreślił datę
Pierwszego kwietnia w południe latem.

Ale to jeszcze nie koniec boju
Ktoś zamknął się w swoim pokoju
I czasowo się zadumał
Patrząc na kalendarz umarł.

A trafiają się przypadki
Panienka lubiła kwiatki
Tak ją kiedyś chęci naszła
Że z bukietem w ciążę zaszła.

Chcąc zarobić i nie stracić
Kto ma alimenty płacić
Narcyz tulipan czy bez
Z chęciami to różnie jest.

Nie dokończę - bo mi dziwnie
Wygląda na niezły banał
Ktoś się jeszcze nie urodził
A już niemało nakłamał.

Róża Miłości

Twoje Imię Teresko jak melodia w sercu mocne
Oczy śliczne błyszczą jak gwiazdy nocne
Uśmiech jest promykiem złotego słońca
A starania duchowe tak owocne.

W Twoich ramionach ciepło najcenniejsze
Miłość nasza jak pieśń nieśmiertelna w sercu
Czułe spojrzenia jak gwiazdy na niebie
Jesteśmy razem bezpieczni w pełni szczęścia.

Staś zakochany w Teresce całym sercem
Ceni gesty na ustach pięknych Tereski słów

Przywiązany do Ciebie Żono moja na zawsze
Nasze małżeństwo jest szczęściem w ogrodzie róż.

Urojenia i obsesje

Tak pomyśleć od niechcenia
Jak powstają urojenia
Rozmnażają się i gasną
Na ciemno szaro i jasno.

Urojenia naukowe
Obsesyjno nielogiczne
Tworzą pewien rodzaj grozy
Z reguły katastroficzne.

Co za urojeniem stoi
To coś - co się okropnie boi
Tego co nastąpić musi
I dlatego bardzo kusi.

Urojenia są nietypowe
A co najgorsze to bojowe
We śnie chciał dogonić małpę
Od kochanki dostał w lampę.

Jakby tego było mało
Urojeń się nazbierało
W mózgach jest ich zatrzęsienie
Stąd te głośne zawodzenie.

Nauka się w formie przejadła
A pewna logika upadła
Z chwilą wynalezienia atomu
Boimy się we własnym domu.

Śmiech głupoty

W głupocie tancerz niczym słoń na lodzie
Ktoś pomyśli że mądrość to tylko przysłowie
Głupi strzeże tajemnic i udaje mędrca
Śmiech głupoty rozbrzmiewa i pustkę roznieca.

Głupota jak mgła mija się niefortunnie
W sercu nieświadomie prawdy nie rozumie
Głupota jest tańcem rzeczą bez imienia
Tam gdzie mądrość zanikła pustka bezistnienia.

Głupota jak kamień w rzece bez dna
Światło rozumu omija to często
Bezrozumne decyzje w głowie nieświadome
Głupota - to przypadek bywa że na gęsto.

Królestwa i głupcy w koronach
Myślenie prymitywne pękają z chaosu
Niczym sen obleczony i często się zmienia
Omijający prymitywnie doniosłości losu.

Nieprzerwane tajemnice historii

Historia toczy się nieprzerwanie
Obleczona w nowe tajemnice
Władcy żądni dobrobytu
Szukający w tym zachwytów.

Na grobach bohaterów
Czas pozostawił ślady nazwiska
Krew wsiąkła w ziemi pogłowie
W gałęziach zielonym sitowie.

A ludziska nieźle kręcą

Zasłaniając się niepamięcią
Robią rzeczy niedorzeczne
Z normą i logiką sprzeczne.

Ludzie sieją niepokoje
Między sobą boje toczą
W grę wchodzą dziwaczne idee
Nieprzerwanie dniem i nocą.

A logika mówi jasno
Mądrze traktuj własną wolę
Z motyką nie wychodź na słońce
Jest korzystnie wyjść na pole.

Człowiecze obdarzony duchem
Zbierając plony urojonej woli
Odchodzisz do nieskończoności
Gdzie już nigdy nic nie boli.

Bezsens wojny

W 1410 roku 15 lipca na polach Grunwaldu
Słońce paliło jak ogień piekielny
Stanęli naprzeciw siebie rycerze
Gotowi by siać śmierć i zniszczenie.

Czy warto było wtedy przelewać krew
Czy ta walka miała jakiś sens ukryty
Gdzieś daleko za granicami królestwa
W sercach ludzi jest pytanie
     Po co to wszystko?

Krzyżacy w czerni z krzyżami na piersiach
Polacy i Litwini zjednoczeni w wierze
Walczyli z determinacją niezwykle ogromną

Ale po co to było?
Życie jest cenniejsze.

Historia opiera zwycięstwa i czyny chwalebne
Lecz giną w nich ludzie młodzi niewinni
Któż więc policzy łzy matek wdów i sierot
Kto usprawiedliwi śmierć tych odeszłych dusz?

Czarodzieje

Namnożyło się czarodziei na świecie
W telewizji radiu i internecie
Obiecują - ile kto tylko zechce
Że czasami aż w pięty łechce.

W totolotka prawie szóstkę
Do kina darmową przepustkę
Bonusy na hamburgera
Moc podarków się uzbiera.

Teraz grypa to błahostka
Co tam jakiś ból fizyczny
Tylko patrzeć jak na niebie
Pojawi się smok elektryczny.

Zdarzy się i coś tańszego
Wiele nowych możliwości
W zieleniaku można kupić
Kilo smalcu i radości.

W Biedronce sprzedaje się cienie
I za darmochę marzenie
A wszystko objęte kontrolą
Oj doloż ty moja dolo.

Przemyślał i powstał z łoża
Niech się wola Boża spełnia
Od tej pory - to co się dzieje
Nie ma dla niego żadnego znaczenia.

Cóż pozostał z własnym bólem
Sam dla siebie został królem
Na własnej schedzie włodarzy
Osiągnie to co sam sobie wymarzy.

Parę słówek o sobie

Dziś pomyślałem a więc to zrobię
Napiszę parę słówek o sobie
O własnym bycie i dobrobycie
A co poniżej to usłyszycie.

Często zachodzę w głowę niemało
Skąd się tych latek tak nazbierało
Może za wiele jakoś to znoszę
A wystukało sześćdziesiąt osiem.

Ale po prawdzie nie jestem stary
Mam wobec siebie dobre zamiary
A o gorzałce już nie ma mowy
Ogólnie jestem bezprocentowy.

Odpadło kino i wiadomości
Dla polityki nie mam litości
Tłuste potrawy raczej omijam
W nieswoje sprawy nie wsadzam ryja.

Różne problemy przedtem bywały
W środku się żyłki pozapychały
Dużo ubyło na moim koncie

Teraz serduszko mam po remoncie.

A emerytem jestem dwa lata
Zwiedziłem również kawałek świata
Byłem w Afryce Peru Hiszpanii
Walczyłem z bykiem z trzema rogami.

Mimo że cielak był na dopingu
To nie miał szansy i uciekł z ringu
A więc zostałem tam bohaterem
I odznaczony złotym orderem.

A latka płyną prywatnie z górki
Bywa czasami bolą pazurki
Głowę pochyla kroki się mylą
A tak po prawdzie żyje się chwilą.

Dowiemy się w czasie

Gwałtu rety - to się dzieje
Świat zamiast młodnieć to się starzeje
Ziemia wolniej się porusza
Podobno - to wina świrusa.

Palić w piecu tylko czym
Węgiel ponoć jest skażony
Rządzący się dogadali
Dym z kominów wycofali.

A najbardziej znani wieszcze
Mówią będzie gorzej jeszcze
Ponoć następne świrusy
Będą skanowane jeszcze.

Najgorsze jest to że pewne typy

Wykonują co złe im każe
Wkurzają umarłych w niebiosach
Pozamykali cmentarze.

A więc co biednym zostało
Narzekać że źle się dzieje
Gdy nie ma grosza przy duszy
To z czego okradną złodzieje.

A woda święcona jest w cenie
I na nagrobek kamienie
A modły nie mają ceny
I pewno się nie dowiemy.

Prognozy pamięci

W prawdziwej prognozie pamięci
W radości tęsknocie odruchów
Są ludzie prawdziwi rzetelni
Odporni w działaniach niezmiennie.

Opatrzności Boskiej nadzieje
Świat wzorem trwania teatru
Dzień słoneczny noc głucha
W bezimiennym szumie wiatru.

Ludzkość powinna być wzorem
Dla wszystkiego co istnieje
A to jest zupełnie na odwrót
Zostały nam tylko nadzieje.

Nadzieje na lepszą przyszłość
Bez zdrady i wojen umownych
I zleceń na dziwne programy
Obietnic gołosłownych.

A kosmos zadziwia ogromem
Powietrze i wodę daruje
Ale zadajemy pytanie
Czy człowiek te dary szanuje.

Nasza ziemia kojarzona zachwytem
Taka piękna chociaż z kosmosu mała
Miłością i uśmiechem w każdym geście
To dzieje się tutaj i teraz uwierzcie.

Zdarzyło się

I pomyśleć komuś przyszło
Wejść w bardzo bogatą przyszłość
W niespodziewane zdarzenia
Aż trudne do uwierzenia.

Do domu pan wracał rano
Zatrzymał się obok parkanu
Zgarbiona sylwetka człowieka
Być może na pomoc czeka.

Pan pomyślał - ktoś samotny
Głosem cichym proponuje
Pani sama wcześnie rano
Może pani źle się czuje.

Dziękuję - odrzekła niewiasta
Właśnie wracam z niedaleka
Do maleńkiej chatki w lasku
Siostra wróżka na mnie czeka.

Pan odrzekł pomogę w potrzebie
Mam żonę rodzinę i farmę

Odwiozę panią do chatki
A nawet do domu przygarnę.

A wróżka spojrzała na pana
Ręce uniosła w górę wysoko
I cichym szeptem przemówiła
Twoja prośba się spełniła.

Daruję ci szkatułkę - nie zaznasz nędzy
To jest coś do gromadzenia pieniędzy
Naciskasz ten przycisk zielony
A w środku się znajdą miliony.

Nagle zagrzmiało i wróżka znikła
Panu zrobiło się dziwnie
Nacisnął na przycisk zielony
W szkatułce leżały miliony.

Banknoty wszelkiego rodzaju
Zaczęły w powietrzu wirować
Pan płakał i skakał ze szczęścia
Z trudem zdążył się opanować.

Szkatułka wciąż sypie złotem
Niektórzy nie dają w to wiary
Pan kupił cztery kasyna
Dla siebie żony córki i synów.

Wyspę szczęścia w Bangladeszu
I wszystkie oczy się cieszą
A wcześnie zaściela łóżko
Szkatułkę ma pod poduszką.

A do snu układa się wtedy
I nigdy nie zazna już biedy

A z wróżką rozmawia we śnie
Codziennie raniutko na miedzy.

Zazdrość w miłości

Kwiaty miłości wśród cieni zazdrości
Zawiści w sercu pokrywają ślady złote
Burzowe stany jak iskrząca świeca
Odsłania płomienie co uczucie wznieca.

W sercu się zazdrość bezgranicznie zbiera
Między słowami uczucia tajemnice łoży
Miłości płonie w tańcu nieustannie
Zazdrość jest cieniem i niesnaski tworzy.

Tajemnice zazdrości ukryte w spojrzeniach
W melodii zakochania tworzą gorzkie nuty
Uczucia magiczne miłosno - zazdrosne
Rozkwitają poezją skrywających uczuć.

Zazdrość krocząca wiatrowym szumem nocy
Między gwiazdami ukryta miłości snujących
W bólu magi i zazdrości bez wszelkich miar
Niech opuści na zawsze miłości szczęścia czar.

Z lewa i prawa i dokąd

Drogi nie ma - tylko próżnia
Nie wiadomo dokąd spadać
Niechcący zerknąłem do lustra
Buzia krzywa - szkoda gadać.

Jak zaradzić w tym temacie
Wypić brudzia powiadacie
Zakąsić kurczęcym udkiem

Buziaka zamknąć na kłódkę.

A może się nie załamywać
I zrobić pewniejszy krok
Do siebie się nie odzywać
Ale co najmniej przez rok.

Zerwać za sobą stosunki
A ignorować rachunki
Pożegnać zmartwienia i cześć
Broń Boże przestać jeść.

Jest podpowiedź - słuchaj waść
Może na kolana paść
Samemu sobie się oświadczyć
I zamążpójścia doświadczyć.

Sam ze sobą - może zdążę
Będzie fajnie zajdę w ciążę
I dobrze będę się miał
Pieluszki będę prał.

Słowa wolności

W krainie myśli szytej naszej wyobraźni
Rodzi się wolność która serca łączy
Słowa jak skrzydła w przestrzeni tworzone
W prawdziwej miłości nadzieje spełnione.

Wolności słowa jak barwy tęczy niebios
Pozbawione strachu myśli wypowiadam
Głos prawdy dzwonu od wysokiej wieży
W miłości do wolności co na sercu leży.

Wolności słowa niechaj trwają wiecznie

Powielane rymy tańczą jak liście na wietrze
A wolność spływa budzi pokój w sercach żyje
Bo w swobodzie myśli nasza moc się kryje.

Nie byłoby

Nie byłoby nocy żeby znała siebie
Że jest ciemno i głucho szaro i nieprzyjemnie.
Nocy mgłą nasyconej sinej i zaborczej
Zapomnianej uśpionej dziwnie niewidocznej.

Jak wytłumaczyć zjawisko nocy
Na ciemności przystać
Trzeba się uspokoić
By się dobrze wyspać.

Nasuwa się wersja inna
Może noc powinna być widna
A kolejne jest pytanie
Co na to odpowie spanie.

A gdyby tak nocy zabrakło
I słońce bez przerwy świeciło
To wiele istot na ziemi
By wtedy za nocką tęskniło.

Uczestniczymy w nocy
Po codziennej harówce
W marzeniach sennych
Dusz wędrownych hufce.

Tłusty Czwartek 2023 r.

Dziś jest czwartek przed niedzielą
A buziaki się weselą

Tajemnice w tym zawarte
Jak się sprawia Tłusty Czwartek.

Z samego rana pijemy kawusię
Zajadamy się pączusiem
Bez wyjątku starsi dzieci
Nic dziwnego ślinka leci.

Tłusty Czwartek jest raz w roku
A to ważne - wiedzieć musisz
Nie przytyjesz nawet grama
Jak na słodziaka się skusisz.

Nasze Drogie Piękne Panie
Nie poskąpiły cukru i mączki
Zapraszają wszystkich Państwa
Na pulchne z patelni pączki.

Nocna cisza

Noc ciemna głucha i zaborcza
Księżyc nie został zaproszony
Ziemia wygląda nieporadnie
Pełzająca w czasie niewiadomym.

Dnia przebiegłego ani cienia
W dziwnych odruchach odrętwienia
Niebywale smutno i cicho
Czai się w kątach jakoweś licho.

Wiatr jak szalony echem niesie
Deszcz się siarczyście w rolę wcina
Północ już dawno odeszła
Ranek się rześki zaczyna.

Żywe istoty w sennym seansie
Odpoczywają po dnia harówce
W oczekiwaniu na lepsze jutro
Witają nockę nad wyraz smutną.

A z drugiej strony nocy jest inna
Bardzo wesoła śmieszna rodzinna
Można przytulić się osobowo
A we śnie czuć się komfortowo.

Gdyby nie było nocy
Nie byłoby i dnia
I sen byłby też zbyteczny
Życie to wspaniała gra.

Powody do rozwodu

W dniu ślubu pełnym uroku
Miłości bukiet kwiatów na rękach
A życie pełne jest szarości
Powodów do rozwodów jest wiele.

Serce zamarło - pierwszy powód
W obcym domu z braku ciepła
Drugi powód raniące słowa
Zamiast leczyć w duszy drążą.

Marzenia rozbieżne trzecim powodem
Życiowe plany dwie różne drogi
Czwartym powodem czas który mija
Zabierając ze sobą bliskość i wolność.

Piąty powód milczenie jak krzyk
Rozdziela serca jak wiatr kalendarze
Szósty powód to walka o rację

Nie widząc że w miłości tracimy mądrość.

Siódmym powodem jest brak współczucia
Które z lat biegiem znikają z serca
Ósmym powodem niewierność i zdrada
Ostra krytyka więcej wymagań.

Wszystkie powody można oddalić
Bo miłość jest jak delikatne róże
Warto walczyć o nią gdy mamy szanse
W blasku nadziei światłem w naturze.

Wymyślone

Wymyślone odległości kosmiczne
Obostrzenia plandemiczne
Jakieś przerwy odgrodzenia
Bezpodstawne ponaglenia.

Czy to wygląda na miłe
Do sąsiadki uśmiech tyłem
Nie dla troski o zdrowie swoje
Budujemy paranoję.

Jest źle i nie wypada
Budować na biedzie bogactwa
Straszyć urojoną zarazą
Ktoś to robi - tak mu każą.

Co się dzieje tu u diaska
Na buziaku jakaś maska
Bez maski nie kupisz chleba
Dziwna powaga i mam grymaska.

Stróże prawa pewni swego

Napadli na kulawego
Bo nie okrył buzi szmatą
To okropne - biada katom.

Jeden taki ktoś był zdziwiony
I udzielał się w pretensji
Wyciągał ręce do żony
Odmówiła wzięcia pensji.

Odprawiła męża z kwitem
Bo nie odbył dezynfekcji
Skutek strasznym się okazał
Nieszczepiony pensję przepił.

Żona walczy w sądzie z knajpą
Mężczyzna flirtował tam z małpą
A publiczność zawiedziona
Małpa nie była szczepiona.

Czar miłości

Miłość jest czarem i zorzy blaskiem
Rozkwita w sercach z wielkim poklaskiem
Jak w tańca rytmie gwiazdki na niebie
Czuć to i słychać w serc naszych śpiewie.

Wspólne uśmiechy chóralnych głosów
Miłość to podróż pełna zakrętów
Najcięższe drogi stają się łatwiejsze
Na wspólnej drodze problemy mniejsze.

Miłość jest tańcem duszyczek naraz
Melodią głosu serca uskrzydla
Nie zna szarości w każdej godzinie
Wzajemnej troski zapachem płynie.

Miłość to odbiór również dawanie
Jest sensem życia w całym pojęciu
I nie zna granic potrafi wzlecieć
A przetrwa wiernie przez tysiąclecia.

Spotkanie na szczycie

Kim był Zeus wszyscy wiedzą
Zwłaszcza ci co historię śledzą
A kim byli i są teraz Papieże
Wiadomo i w jakiej wierze.

Zeus spotkał się z Papieżem
Na Olimpie przy niedzieli
Żeby trochę pogaworzyć
Tak się dawno nie widzieli.

Zeus zaczął od konkretu
Słuchaj Papież stawiam veto
Straszysz ludzi jakimś piekłem
Czego dawno ja się zrzekłem.

Na Olimpie błyskawice
Zeus podniósł swoją prawicę
Widziałem jak złoto i brylanty
Zapełniają wasze piwnice.

Nie wspomnę o pałacach pod lasem
Wam chodzi tylko o kasę
Bardzo się o ludzkość boję
Nie zasłużyli na taki los
W Zeusie załamał się głos.

Teraz Papież się wyraził

Wolno mówił słowa ważył
Nagle podniósł głos wysoko
Przymknął w nerwach lewe oko.

Uniósłszy głowę do góry
Popatrzył wysoko w niebiosa
Zeus chyba trochę kłamie
Trafiła kosa na kamień.

Rzekł doniośle mój Zeusie
Teraz ci przypomnieć muszę
O twoich czasach wiem tyle
Byli mądrzy i debile
Straszyłeś i ogniem mieczem
Niezłe tam bywały skecze.

Dziękuję ci Zeusie rzekł Papież
A na ostatek to sobie zapisz
Rządź na Olimpie panie
A ja zostaję na Babrzykanie.

I nasi władcy dobrze się mają
A narody im sprzyjają
Hołdują i ciągle im wierzą
Płacą -płaczą - i u stóp ich leżą.

Świat się zawalił

Zabrakło siły świat się zawalił
Ale w sercach płomień nie gaśnie
Po upadku znajdzie się w blasku
Co nowe świty jasne przyniesie.

Zabrakło siły w dniach pochmurnych
Gdy światłem duszy przygasło

W sercu miejsce na ból cichym
W snach marzeń słońce zgasło.

Zabrakło siły świat się zawalił
Gdy cisza nocna sen porwała
Jak cień się w sercu strach rozlał
Jak mgła się zmysły owiała.

Zabrakło siły w chwilach smutku
Gdy ciepło w sercu zamarzło
W duszy pustka w głosie brak słów
Wszystko nagle jak mgła zniknęło.

Z tej otchłani i przepaści
Z popiołów życia wbrew złym losom
Siła powstaje jak feniks ze grozy
By świat na nowo stworzyć z radością.

Myśli

W świetle dnia w cieniu nocy trwania
Myśli prowadzą nas do nieskończoności
Jak wiatry i morskie fale
W głębi umysłu tańczą radośnie.

W myślach istniejemy czy jesteśmy
W cieniu obcej rzeczywistości
Czy myślę i jestem czy myśl to myśl
Pytań tak wiele jak wiele westchnień.

Czy myśl jest moim przewodnikiem
Może błądzeniem w nieznanej przestrzeni
Lecz w każdym słowie każdym zdaniu
Myśl czuje jak serce w piersi bije.

Myślę - to prawdziwie jestem
Gdy myślę to czuję się prawdziwie
Moje myśli mnie prowadzą
Przez zawiłe życiowe labirynty w głąb duszy.

Na wesoło jest łatwiej

Wesołemu zawsze ujdzie
Nawet na własnym pogrzebie
Ciekawe czy jak zesztywnieje
Będzie chichotał do siebie.

Widać to gołym okiem
Że do nieba nie ma okien
I na dodatek nawet firanki
A oni do drzwi kupili klamki.

Tyłek to są dwa pagórki
Na czubek do dołu i z górki
A wygląda na niemiłe
Spaść na głowę czy na tyłek.

Miałem walczyć z dzikim bykiem
Na korridzie pod muzykę
Na dodatek z byczą damą
Najgorsze że rozebraną.

Ktoś chciał rower napompować
Pomyliły się zawory
A wężyka włożył w tyłek.
I się wścieka do tej pory.

Pan sam na sobie się zawiódł
Twierdził że ma taki zawód

Jak to wyobrazić sobie
Zawieść się na samym sobie.

Bogactwo pustki

Chciwość jest wadliwą cechą
Taka dusza nie chce tracić
Ważne złoto i pieniądze
Za wszelką cenę chce się wzbogacić.

W świetle złudzeń chciwoląga
Liczone są fale żądzy
Dzierży koronę sam sobie katem
Porównywalnie ze zwiędłym kwiatem.

Osobnik taki miewa żądania
Zatracił duszę głodem bogactwa
Krocząc po drodze wiodącej ciemni
Pełen obłędu grozy matactwa.

Chciwość jest ogniem serc pożeraczem
W złocie utopię marzeń zaciera
Niechaj ten przykład jest tym odbiciem
Zanim pożegnamy się z życiem.

Zajść i wyjść

Zapuścił grzebień do ziemi
A do tego z miski chłeptał
W kurniku kury podeptał
I to taki prosty mól - taki ból.

Zachodzenie bywa różne
Do knajpy czasami do kina

Sama ze sobą i w ciąży
A taka porządna dziewczyna.

Serce płacze a nie boli
Cukier jest słodszy niż sól
Uderzył się młotkiem w kolano
I narysował ten ból.

Wyszedłem z siebie - patrzę to ja
Wydaje się że kawał chłopa
Ale się nie spodziewałem
Że ten drugi przysadzi mi kopa.

Szatanek to rodzaj diabełka
Taki prosty chamski skuza
Chodzi i zaczepia ludzi
Dopóki nie oberwie guza.

We wieczności sędziów nie ma
A z bardzo prostej przyczyny
Wszyscy poszli na lejowy
Zostali wpuszczeni w maliny.

Jak się zachować

Może się zdawać - że czas się kończy
Pewnie wkrótce zgaśnie słońce
A ziemia zmieni swoje obroty
Wtedy dopiero będą kłopoty.

Jak się zachować w tej sytuacji
W pracy na balu w czasie wakacji
Szukać pomocy w piersi uderzyć
Jak się ratować żeby to przeżyć.

Jak dopatrywać świata porządku
Gdzie szukać końca i gdzie początku
To co istnieje zostało dane
W procesie bytu jest zapisane.

Jestem cząsteczką natury globu
Od urodzenia powiem do grobu
A w cel mi dany muszę uwierzyć
I z codziennością życiową mierzyć.

Na zapas - zakazy

Na zapas myśleć - a nie przewidzieć
Najważniejszego przebiegu zdarzeń
Że w tej krainie w której żyć przyszło
Obowiązują zakazy marzeń.

Wymarzyć można prawdziwe szczęście
Ale po fakcie płacisz podatek
Już masz nadzieję że będzie lepiej
Ale się przedtem musisz zaszczepić.

A to nie koniec - robisz im łaskę
Musisz na buzię założyć maskę
Oddychasz teraz z niemałym trudem
Jak rok przeżyjesz graniczy z cudem.

A do szpitala długie kolejki
Może to potrwać nawet dwa lata
I do urzędu zakładasz maskę
A jak ciebie przyjmą robią ci łaskę.

A co niektórych bardzo to dziwi
Że liczni ludzie nie są przeciwni
I przyklaskują na domiar bronią

Tych co im każą do gwałtu gonią.

Wszyscy stłoczeni na jednej tratwie
Pasieni ciągle przeżutą paszą
W pocie bolączce płaczu i znoju
Nawzajem świrusem się straszą.

Zostać aniołem

Zostać aniołem nie jest tak trudno
Jeden warunek trzeba wypełnić
Bardzo poważnie mieć na uwadze
Żeby się zmieścić na małej wadze.

A to jest sprawa tak oczywista
Anioł nie może mieć funtów trzysta
Musi wykonywać co nakazali
W przeciwnym razie szef go wywali.

A paragrafy podpisać trzeba
Pierwszy do piekła drugi do nieba
A dodatkowo i żeńskiej płci
Jak nie podpisze z pracy wyleci.

A być aniołem trzeba mieć szkołę
Teologiczną nigdy partyjną
I żadnej skazy na życiorysie
Nie brać udziału w działaniach we zwisie.

Broń Boże przystać też do platformy
Do tych co nie mają ale rozdają
Ponoć to robią by nie wyjść z formy
Takie są w piekle od teraz normy.

Został aniołem i tak się stało

Nie był w związku grał na harmonii
Od mocnych trunków rozrywek stronił
Został i służy i się nie burzy.

Myślowy intruz

Cicha noc spokojna senna
Milkną kroki tylko ciche westchnienia
Intruz myślowy cele wyznacza
Do duszy obcej zuchwale wkracza.

Nieproszony w moje myśli się wciela
Bez pytania w serce zakrada
Moich uczuć nadużywać próbuje
Chce zakłócić mój spokój i ciszę.

Bez twarzy z nikąd się zjawił
Wtargnął intruz w tajemnice rozumu
Nie bacząc na osobiste wolności
Pozostawia ślady swojej obecności.

Czy we śnie czy na jawie gość nieproszony
Dyktując nieznośne zapytania
Odciskając ślady piętna na duszy
W błogiej ciszy duchowych wzruszeń.

Polityka

Za kulisami gry politycznej
Kryją się zbójcy w ramach zwodzenia
Słowa jak noże przeczą kulturze
Karciane figle przekręty duże.

Zbój polityczny w manipulacjach
Owija prawo wokoło palca

Z głupim uśmieszkiem chytrze wachluje
A za plecami manipuluje.

A zapewnienia o raju ciągłe
Nieustające piekło pociągnie
Słowa o prawie niczym poparte
Prawda się gubi w zwyczajnym kłamstwie.

A tłumy krzyczą demokracja
Zbój polityczny - intryg specjał
Gra z ludźmi w szachy na zimnym wietrze
Historia pisze to krwawym wierszem.

Sprawa cienia

Do cienia trzeba przywyknąć
Niewątpliwie czasowo zniknąć
I od tej pory się wstydzić
Że nikt go teraz nie widzi.

Do cienia bywają pretensje
Ktoś publicznie to dowodzi
Bo to cień bez jego zgody
Krok po kroku za nim chodzi.

Cień nie pyta się o zgodę
Drga bez przerwy noga w nogę
Bez względu na pochodzenie
Mądrość sylwetkę urodę.

Z cieniem będzie trudno wygrać
A do tego własnym jeszcze
Jeszcze gorzej omyłkowo
Można nabyć silne dreszcze.

Czas położyć kres nierządu
Ktoś udał się z cieniem do sądu
A na domiar tego złego
Przekupił nawet sędziego.

Strach pomyśleć z tej niewiedzy
Sędzia we więzieniu siedzi
A dlatego się doigrał
Z cieniem nikt jeszcze nie wygrał.

Jesień w czasie

Jesieni złota ubarwiona liśćmi
Szarpana wiatrem i dywanem mgielnym
Z nastaniem ranka uroczo nas witasz
Jaśniejąc w obliczu piękna niepodzielnym.

Strumienie światła wpadają do okien
Z oddali szum wiatru odzywa się senny
Deszcz tłucze o szyby kroplami siarczyście
Krajobraz bajkowy typowo jesienny.

Nie doczekałem się szczęścia
Los mnie osaczył udręką
Ktoś chciał mnie kiedyś pokochać
Nie zdążył bo serce mu pękło.

Tej nocy spłonęła karczma na rozdrożu
Dogorywa węgielnie szary dym się wije
Nędzarz z głodu zasłabł na schodach
Nie było pomocy biedaczek nie żyje.

Niezależnie od nas

Stworzyć problem można szybko

Obojętnie o co i w czasie
Ale trudniej problem odwrócić
Do tego co było powrócić.

Niezależnie od nas samych
Sprawy się ogólnie mają
A problemy są i będą
Po prostu się same stwarzają.

Problemy małe średnie i duże
Przebojowe fikcyjne gnuśne
Niechciane niepoliczalne
I nigdy nie planowane.

Stworzyć problem nie jest sztuką
Wystarczy spróbować gorzałki
Policjanta gdzieś zaczepić
Próbować mu mandat wlepić.

Problemem jest strach się bać
Przed samym sobą uciekać
Nawet we śnie późną nocą
Na siebie samego narzekać.

Życie wymaga poświęceń
O tym doskonale wiemy
Postaram się - a może da się
Zmierzyć się z gonitwą w czasie.

Dwudziesty pierwszy wiek

Wiek dwudziesty pierwszy na czasie
Świat znalazł się w potrzasku
Moce zdarzeń całych wątki
Wygląda to na nowe porządki.

Co się dzieje - skąd ten chaos?
Nietypowy polityczny i gospodarczy
Ktoś zdaje się nieodpowiedzialny
Wolnością ludzkości jarmarczy.

Zawirowania w budżetach
Demonstracje i niezgoda
Biedni stali się biedniejsi
Kto takiemu rękę poda.

Nie mieści się w ludzkiej głowie
A powinno się to wiedzieć
Że za taki straszny rozbój
Ktoś powinien odpowiedzieć.

A na czasie ciąg do wojen
Pertraktacje z nowym światem
Poszczepienne konsekwencje
Życie staje się dramatem.

Inflacja osiąga szczyty
Biedni stają się biedniejsi
Nowych reform bierna ściema
Strach pomyśleć - winnych nie ma.

Plany

Życie jest trwaniem w osłonie czasu
Od niemowlęcia aż do starca
Jest to zupełnie nieodgadnione
Pomimo starań chęci zaparcia.

Mając na myśli własną tożsamość
Mój plan chociażby na przyszły tydzień

To co się zdarzy w pewnym okresie
Tego nie jestem w stanie przewidzieć.

Może zapytać siebie o zdanie
Najpierw pytanie odpowiedź później
Chociaż wydaje się że to samo
Może to zmienić inaczej różniej.

Publiczne sceny integracyjne
Moce uchodźców granice pełne
Chleb coraz droższy mąka salceson
Woda święcona i ciężki beton.

Pewne zasady obowiązują
Ale nie wszyscy je przestrzegają
Często niezgodnie twardzi lubieżni
Pomimo że są od nas zależni.

Z czym się przyjdzie jutro mierzyć
W coś czego nie widzę uwierzyć
Czy naprawdę ma znaczenie
Moje własne doświadczenie.

Spotkanie w niebie

W niebie gwiaździstym jest senny spokój
Miłość niebiańska jest bezgraniczna
Aniołki tańczą melodię grają
Przybyłych gości rozweselają.

W niebie istnieje miłość bez granic
Światłość otacza wszystkich zebranych
Tutaj istnieje wieczna harmonia
A dusze tańczą w rytm rokenrola.

Spotkania w niebie radość w sercach gości
Niebo maluje barwy wieczności
W niebieskich kręgach jak w tańcu witalnym
Miłość w niebie jest językiem uniwersalnym.

Wszystko wolno - tylko komu

Bogatemu wszystko wolno
Krzywdzić i kraść ile da się
Nawet prawa nie przestrzegać
Wyłącznie na sobie polegać.

Był wodzem miał władzę i gród
Popierał go cały lud
Przypadkiem uderzył w tron głową
I zyskał myślenie na nowo.

Jak on tak zrobić mógł
Zagonił się w kozi róg
Powinien wybrać róg pszczeli
A nie płakali jak to widzieli.

Ponoć kupił syntetyki
Gdzieś podobno aż z Arktyki
Zaczął wąchać i się stało
Czucie w myślach się urwało.

A dalej już sama próżnia
Sam siebie zaczął piętnować
Udowodnił własne winy
Postanowił się aresztować.

Poszukiwany był listem gończym
Posiadał cepy kije i karabin
Przypadek sprawił że się pomylił

Napadł na siebie ponoć się zabił.

Pieśń wolności

Wolność osobista jest największym skarbem
Moje myśli swobodnie tańczą nieustannie
Na ścieżkach życia niczym rzeczna woda
Gdzie króluje prawo wolność i swoboda.

Wolność melodią czasu w duchu aureoli
Bez złudzeń beztroski i grzesznej swawoli
Bezpieczna przemyślana dążenia wyświetla
W przestrzeni wartości czystego powietrza.

Wieża myśli idealna prawdziwej trwałości
Niewidzialna obleczona purpurą Boskości
W każdym względzie rozważna kiedy postrzegamy
Wzorem prawdy dziedzictwa zawsze doceniamy.

Wolność mrok rozświetlająca prawdziwej zacności
Włada sercem człowieka w takt doskonałości
Mądrością wypełnia duszę i spełnia życzenia
Trwa wiecznie do końca naszego istnienia.

Cień diabełka

Świat się kręci nieustannie
Wolniej szybciej ponad kreską
Bywa że coś nie wypali
I na odwrót po diabelsku.

Typowy diabełek z rogami
Figlarny i sztucznie naiwny
Udziela się w codzienności
Wesoło i wzajemności.

Przypadkowo ktoś pomyśli
Jak w duszy powstają złe myśli
Podszepty i brzydkie słowa
Tracimy rozum i boli głowa.

Trudno zatem jest odróżnić
Diabełka od zwykłego człowieka
Do piekła nie trzeba się spieszyć
Korzystniej byłoby poczekać.

A kto jest bardziej zdradziecki
Diabelskie triki przelicza
Natura ludzka potrafi
Być także w nadmiarze zwodnicza.

Artysta

Artystyczne uniesienie
Posiada ogromne znaczenie
Przynosi szczęście i sławę
Poniekąd i dobrą zabawę.

Został artystą jest w siódmym niebie
Dopina swego maluje siebie
A wyobraźnię też ma ciekawą
I będzie sławny to jego prawo.

Szkoda przeliczył się w tym sromotnie
Bo namalował siebie odwrotnie
Nogi na górze uśmiech szatani
Na dole głowa z dwoma rogami.

A to nie wszystko powiem więcej
Naprawdę warto więc się poświęcę

A sponsorował go ktoś z bezpieki
Więc się wydało i są przecieki.

To jest ostatnie malarskie dzieło
Już się skończyło nim się zaczęło
Ale mu trochę zostało farby
I nie ma wyjścia maluje garby.

Posągi konwie ognia pochodnie
Pieśni żałobne rytmy ozdobne
W rytm rokenrola oberka walca
I w zupełności mu to wystarcza.

Codzienne - nowe

Czas zauważyć jak świat się zmienia
Dojrzeć nowe treści w znaczeniach
Codziennie nowe zmiany zachodzą
W człowieczych mózgach pomysły rodzą.

Dopóki w żyłach krew płynie wartko
Przyszłość jest dla nas ukrytą kartą
Że coś nie wyszło jak być powinno
Siebie samego obarczać winą.

To co się dzieje jak wytłumaczyć
Ciągle o wolność musimy walczyć
A to by można nazwać chorobą
O co walczymy sami ze sobą.

Propaganda newsowa

Propaganda mocno w górę
Niesie hurtem newsów chmurę

Powitania z wojenki odgłosu
Ludzie ze strachu się pocą.

Kłócą się nie wiedząc o co
Raz wygrana raz przegrana
Wkrótce się pozabijają
Winę złożą na szatana.

Ktoś pomyśli - wina szajby
A to zdarza się dość często
Pewne niedorzeczne sprawy
Uważane są za męstwo.

Wojnę traktuje się jak zabawę
Trudno uwierzyć na dobrą sprawę
Choć nie wszystkich to dotyczy
Nie wyklucza ktoś zdobyczy.

A historia się powtarza
Pozostawia ślady straszne
Korzystniej mądrze pomyśleć
Po co narażać mam życie własne.

Głupi boi się podglądu
Mądry wyrzekł się osądu
Głupio - mądry to oczyści
Ale wtedy jak się wyśpi.

Status emeryta

Emerytura po latach pracy
To zasłużony jest odpoczynek
Tu już nie zegar dyktuje rytmy
Emerytura to czas ambitny.

Teraz emeryt ma wolne chwile
Biega po parku liczy motyle
I w nowych barwach maluje dzionki
Czasu co minął jak senne mrzonki.

Wesoły dziadek już nic nie musi
I na ławeczce w parku się zdrzemnie
A na tle czasu jak strona książki
Wspomina zdarzeń przebrzmiałe wątki.

Stary emeryt teraz spokojny
W fotelu buja - nic go nie martwi
Czeka na niego w promieniach słońca
Emeryturka z początkiem miesiąca.

Nie uwierzę

Ideałem - być samym w sobie
Chcę bardzo - ale tego nie robię
Zapomniałem - ale sobie przypomnę
To co dobre - to dotyczy się do mnie.

Nie uwierzę - że słoń jest mrówką
Lew jagnięciem żabka hieną
Nie uwierzę w czarowne zaklęcia
Nieżywego bezduszne westchnienia.

Przyjdzie sięgnąć po rozum do głowy
Gdy się pętla na szyi zaciśnie
Kiedy promyk ostatniej nadziei
W dzikim spojrzeniu zabłyśnie.

Kiedy w oczach się szarość pojawi
I powietrza w płucach ubędzie
Gdy zabraknie dla siebie poparcia

Pierwszych miejsc i w ostatnim rzędzie.

Gdy sponsorzy odejdą na stałe
A kasa zostanie goła
Gdzie ma udać się taki osobnik
I do kogo o pomoc zawoła?

Nie uwierzę - że to co już minęło
Zapisano jako walkę o dzieło
A z sumieniem się można poróżnić
Na ostatniej drodze spóźnić.

Dla zdrowia

Z każdym dniem nowe sensacje
Nic dziwnego czas się zmienia
To co się dzieje obecnie
Ogromne ma dla nas znaczenie.

Jak wiązać początek z końcem
Chcesz być zdrowy bądź ze słońcem
A unikniesz bólu w porę
Słoneczko jest najlepszym doktorem.

Powrotu do zdrowia wyczynem
Regularny jest wypoczynek
W ramach rozrywki i komfortu
Żwawo garnij się do sportu.

Tak bardzo sobie pomagam
Poruszam się jak rakieta
Decyduje w tym przypadku
Prosta żywieniowa dieta.

Dobra dieta mało soli

Cukru też nie poleca się
Wystrzegamy się coca - coli
Stąd sukcesy - cienkość w pasie.

Najważniejszy w życiu warunek
To do siebie mieć szacunek
Nie pomijając przyjaciół
Od siebie samego zacząć.

Mikołaj Kopernik

Pomyśleć mądrze się zdarza
Coś tak wielkiego tkwi w wyobraźni
Na świecie byli i będą jeszcze
Ludzie uczeni zdolni odważni.

Mikołaj Kopernik nie był służbistą
Był bardzo mądry to oczywiste
Jest wspominany od wielu wieków
Dużo się mówi o tym człowieku.

Z nikim nie wchodził w żadne układy
Bardzo pomocny udzielał rady
Kiedyś się wzruszył poruszył ziemię
Słońce popadło w wielkie zdziwienie.

Wszelkie dowody do skrzyni chował
Trochę się zdrzemnął ciągle pracował
Też od zarobków płacił podatki
Lubił różyczki i leśne kwiatki.

Własną teorią chciał się pochwalić
Mnichom odbiło chcieli go spalić
Raz przypadkowo dostał kropidłem
Z wodą święconą ukłucie szydłem.

Odszedł Kopernik i się zaczęło
I poznaliśmy to piękne dzieło
Ziemia jest dumna na łonie słońca
I się obraca odtąd bez końca.

Wierzę w siebie

Wierzę w siebie mocno i bezgranicznie
Jak wiatr co porusza drzewa złociste
I słońce które wschodzi bliskie
Wierzę w siebie choć drogi tak śliskie.

Wierzę w marzeń promienne oblicze
W każdy dzień gdy słońce wita o świcie
Niech odwaga mi służy jak tarcza
W codziennym zmaganiu na polu życia.

Wierzę w swoje dążenia i cele
Że siła trwa w moich rękach
Choć czasem jest trudno
Wierzę w siebie w drogę do szczęścia.

Wierzę że droga przede mną biegnie
W sercu mego istnienia głosu takt
Niech siła we mnie jak rzeka niezłomna
Prowadzi przez życie nieznane zmienna.

Skutki picia wódki

Zgubne są moce wódki wina i piwa
Zdrowie zanika i głowa się kiwa
Umysł się mąci oczy blask tracą
Alkohol szkodzi i ludzie płaczą.

Przyjaźnie giną rodziny się rozpadają
Zdrowie cierpi marzenia topnieją
Picie wódki to utrata błękitnego nieba
Utonięcie w alkoholu to straszna gehenna.

Wódka piwo i wino kuszą swoim smakiem
Jest zagrożeniem w każdym kielichu
Zdrowie cierpi topnieją marzenia
Picie alkoholu to utrata nieba.

Migawki euforii w kielichu są złudzeniem
Tropem krętym prowadzi ku zgubie
Rozpusta zapomnienie ciche uwodzenie
Czując się wolnym - mamy zniewolenie.

Giną marzenia zmysły ogłuszone
W oślepionej nocnej jasności złotej
Alkohol to cichy morderca ukryty
Życie kradnie i osiąga nienawiści szczyty.

Dwóch

Udowodnić to zaznaczyć
Że coś może być inaczej
Bardziej mądrzej polubowniej
Korzystniej i mniej kosztownie.

Udowadniam - tak istnieję
Mówię skaczę miny robię
Wyrażam się prosto i jasno
Mam siebie samego na własność.

Moje ciało i mój duch
Po prawdzie - to jest nas dwóch

Duch jest we mnie niewidoczny
To ja jestem jego świadkiem naocznym.

Z moim duchem we śnie zasypiam
Gotuje płatki na mleku
Zawsze kiedy się duszek porusza
Proszę - nie odchodź daleko.

Duch się o mnie bardzo martwi
Bardziej niż pastor z parafii
A za usługi nie płacę
Z reguły pomijam tacę.

Duch istnieje i kieruje
Działa w moim interesie
On jeden zna całą prawdę
Co jutro dla nas przyniesie.

Nierówności społeczne

Warto się przyjrzeć z bliska
Nasze czasy to igrzyska
Ktoś wygrywa ktoś przegrywa
Jak to w życiu różnie bywa.

Na wysokościach rządowe zuchy
Nieźle sobie radzą i chodzą słuchy
Nie zachowują się przykładnie
Zdarzy że ktoś sam siebie okradnie.

Komu wierzyć że coś potrafi
Skąd taki uśmiech na fotografii
Ktoś kłamie w oczy ile wlezie
A inny wody w usta nabierze.

A na trybunach z samego rana
Mówi się wiele o nowych planach
Ktoś się wysila omal nie pęknie
Że aż na plecach skóra cierpnie.

Produkcja broni rośnie potwornie
Ciągłe dyskusje o nowej wojnie
A zabijanie teraz na modzie
Czy ty to widzisz mądry narodzie.

Gdy uwierzymy tej nowej władzy
Będziemy głodni bosi i nadzy
Czas to zakończyć i zabezpieczyć
Albo od teraz zacząć się leczyć.

Wyspa bezludna

Jak wygrać z bólem - gdy jestem królem
To nie wydaje się takie trudne
Trzeba to przeżyć w siebie uwierzyć
Osiągnąć spokój na wyspie bezludnej.

Panu tej nocy dobrze się spało
A rankiem z łóżka wstać się nie chciało
I w końcu dźwignął się z wielkim bólem
Wszystkim wiadomo on był tu królem.

Woła nas służbę za berło chwyta
Musowo będzie króla powitać
Założyć panu złote kapciuszki
Umyć rączęta masować nóżki.

Król jest wkurzony - nikt się nie zjawia
Wiadomo w kraju jest niespokojnie
A tak po prawdzie to władzę stracił

O mało życiem sam nie przypłacił.

Zerknął do skarbca a złota nie ma
Aż się pod władcą zatrzęsła ziemia
Los mu niemały jazgot zgotował
Chyba zapomniał że abdykował.

Odwołać wszystko - jest bez wyboru
Komuś takiemu i bez honoru
A więc pomyślał wyjeżdżam trudno
Na oceanie wyspę bezludną.

Teraz na wyspie wszystko jest nowe
A towarzystwo też doborowe
Znowu jest wolny bardzo bogaty
A jego przyszłość jest zapewniona
To coś z przykładu Napoleona.

W ramach wiedzy

Bardzo proszę co tu mamy
Śmiech sprzedawany na gramy
A jest niemałą pociechą
Poproszę kilogram śmiechu.

W ramach wiedzy i nauki
I poszerzenia poglądów
Do normalnego myślenia
Nie używa się przyrządów.

Nauka w las nie poszła
Albo gdzieś na gołe pole
Teraz chodź i liter szukaj
Gdzieś w radlinie czy stodole.

Diabeł w piekle tańczył z babą
Babie zrobiło się słabo
Uderzył w podłogę rogami
Tak się kończy tańczenie z diabłami.

Gęś się zakochała w kocie
Najgorsze że przy wolnej sobocie
Jak doniosło się do myszy
Udawała że nie słyszy.

W Afryce sypnęło śniegiem
A gorzej pod gołym niebem
Aż słońce stanęło zdziwione
Świeciło w odwrotną stronę.

Początek i koniec

Kłócił się początek z końcem
Czy słońce musi być tak gorące
A woda sucha czy mokra
Do lasu niezbędne są okna.

Koniec zrobił dziwną minę
Odpowiedział po godzinie
Wcale go to nie obchodzi
Że co powstaje - to się nie rodzi.

Noc jest pierwsza - dzień w kolejności
Mądrość jest prawem wolności
Miłość się nigdy nie sprawdza
Gdy brakuje wzajemności.

A ktoś do góry nogami chodzi
Że woda płynie we dwie strony
Ktoś być może bardzo biedny

I zawsze zadowolony.

Czas płynie w miejscu jest nieskończony
Rozstrzygnięcie przyniósł goniec
Wszystko zostało już wyjaśnione
Jest początek - będzie koniec.

Pogrążyć granice

Przeszłości nie mają granic
Uważane są jako umowne
A przyszłości nieznane
Nie zostaną przewidziane.

Pogrążeni pochłonięci przeszłością
Panicznie unikający losu
Hołdujemy własnej bezmyślności
Żądni władzy fortuny i rozgłosu.

Pomyśleć - że ktoś był wzorem
Minął czas i okazał się potworem
Uważano że dokonał wyczyn
Historia pokazała że był niczym.

A zdarza się że gorzej bywa
Ktoś wie że nie swoje przegrywa
I bywa że poszkodowany płacze
A powinno być inaczej.

Historia - tak często bezlitosna
Strachu i obłudy miewa skecze
Naznaczona i krwią splamiona
Porąbana ostrym mieczem.

Historyczne prawdy na tle pokoleń

Tak częste wątpliwości budzi
Uważany jest za lud wybrany
Jest w fałszu i obłudzie uwikłany.

Kiedy człowiek zmądrzeje

Czy człowiek kiedyś zmądrzeje i się opamięta
Gdy świat wokół płonie i pustka go wciąga
Czy usłyszy w końcu serca swego dźwięki
Zrozumie że życie nie jest tylko wędrówką.

Czy znajdzie w sobie siłę żeby przestać niszczyć świat
Aby spojrzeć w oczy drugiemu z miłością
Czy zamiast wojny wybierze pokój
Odnajdzie w prostocie radość i nadzieję.

Czy nauczy się słuchać a nie tylko mówić
Pojmie że w milczeniu tkwi mądrość
Zrozumie że życie to dar cenny kruchy
Gdy spojrzy w lustro ujrzy tam prawdę.

Czy zmądrzeje wreszcie w sercu pełnym pokoju
Ujrzy że w nim samym jest klucz do przemiany
Odnajdzie swoje miejsce w świecie
Czy kiedyś zrozumiemy życie i prawdę poznamy.

Dobrze i źle

Zbędnie narzekać płakać i szlochać
Trzeba po prostu wierzyć i kochać
I w codzienności z losem się zmierzyć
Może we własne piersi uderzyć.

W głąb duszy zajrzeć przypadkiem
Może rozwiązać jakąś zagadkę

Zdobyć na skruchę nawet pokutę
Odrzucić pychę złości i butę.

Ktoś może do drzwi zapuka
Chce coś nabroić i guza szuka
To nie otwierać i skinąć głową
I potraktować to ugodowo.

A ugodowo to znaczy jak?
Rączęta w górę leżąc na wznak
Może inaczej bardziej poróżnić
I od bogactwa biedę odróżnić.

A gdy się trafi - ten ktoś po kolędzie
Podać fotelik niech on usiądzie
Trochę pogadać i wczuć się w rolę
I nie częstować go alkoholem.

W przeciwnym razie zgubi kropidło
A przy okazji może nagrzeszyć
A jeszcze gorzej - ktoś o tym słyszał
On własne grzechy komuś przepisał.

Kto był pierwszy

Kto był pierwszy na ziemi
Spór o to trwa wiele lat
Nikt jeszcze nie udowodnił
Człowiek koń a może bat.

Wśród linijek mądrych wierszy
Wraz z upływem wielu wieków
Rzeczywistość pokazuje
Że to bat wynalazł człowiek.

Ktoś musi pole zaorać
Pojawił się koń na świat
Zrobił bardzo dziwną minę
Gdy nad sobą ujrzał bat.

W kolejności nowy trop
Wtedy na pomysł wpadł chłop
I dogadza batem klaczy
A świat cały na to patrzy.

A naprawdę to nikt nie wie
Co jest życiem i istnieniem
Nikt z obecnych kto już dojrzał
Sam sobie w oczy nie spojrzał.

Być pierwszym na świecie
Bogatym w pieniądze i złoto
A biednym to może być grzechem
I dodatkowym pechem.

Wejdzie do niebios bez pośrednika
Sam swoje winy sobie wybaczył
Nawet pokuta go ominęła
Nowe nadeszło a więc do dzieła.

Tak i tak - na bieżąco

Łatwo się może wydawać
Zdarza się przy swoim obstawać
Wyraziście prostym gestem
Jestem w końcu - czy nie jestem.

Jak już jestem - to co robię
Myślami w czasie się miotam
Cud że jeszcze nie wyfrunąłem

Ostrzegam się - szkoda chłopa.

Co się dzieje jak mnie nie ma
Z jakichkolwiek błahych przyczyn
Patrzę w sufit i nie myślę
Zastanawiam się nad niczym.

Korzystniej czasu nie trwonić
Najlepiej do siebie dzwonić
Na bieżąco myśli zebrać
I od siebie nie odebrać.

Teraz widać jak na dłoni
Po co taki śmieszek dzwoni
I na gniew się teraz zbiera
Drugi śmieszek nie odbiera.

Ze swoim czasem jestem w kontakcie
Jakbym rozmawiał z bratem rodzonym
On mi oznajmia że bać się nie muszę
Ponieważ żyję posiadam duszę.

Przyczepiony

Przyczepić się jest łatwiej odczepić trudniej
W zależności od kogo i czego
Podane na przykładzie poniżej
Przyjrzyjmy się temu bliżej.

Przyczepił się diabełek do małpki
Zaprosił kudłatą do knajpki
Na drinka i smaczną zupę
Wiadomo chodziło o duszę.

Diabełek się wije i kusi

Jest pewien nie zważa na dąsy
Zamówił i śledzia i mleczko
Wesoło flirtuje z małpeczką.

A małpka kręci się żwawo
Łasi się poprawia szaty
Nie idzie nie zauważyć
Że diabełek jest bogaty.

A jak dalej za tym pójdzie
Na czorta pracują ludzie
Płacąc za czyny niegodne
Co obecnie bardzo modne.

A można by jak najprościej
Uniknąć diabelskiej miłości
A z tego korzyści niewiele
I mamy kolejne zdziwienie.

Kierunki cywilizacji

Wszechświat kosmos cywilizacje
Zawarte w nich różne problemy
Staramy się o tym pamiętać
A wiele się o nich dowiemy.

Cywilizacja zmierza w kierunku
Stworzenia człowieka sztucznego
Z myślą o przedłużeniu gatunku
Czy to zmierza do dobrego?

A co się dobrem nazywa
Materializm na powszechnie
Czas o wszystkim decyduje
Jak powietrze zechce przemknie.

Z nauką idziemy na układy
Złe człowiek daje przykłady
Obraca w pył zamierzenia
I nie udaje zdziwienia.

Czas robi rany i je zabliźnia
Czy wiadomo w jakim celu
W wyobraźni są miliony
Niestety pusto w portfelu.

Rzeczywistość pokazała
Do czego zdolny jest humen
I jakie efekty przynosi jego działanie
Nic takiemu po rozumie.

Umiar - geniusze

Jak być dla siebie geniuszem
Właściwe plany wytyczać
Samego siebie się zaprzeć
I dobrze na siebie patrzeć.

Mamy problem że tak powiem
Na co dzień i z własnym zdrowiem
Z otyłością i paleniem
I nad sobą biadoleniem.

Problem można poddać próbie
Broń Boże ku własnej zgubie
Starać się nie czynić w poście
Zamiast mięsa same oście.

Problemowo znaczy różnie
Byle tylko nie przesadzać

Nietypowo i usłużnie
Ze wszystkim nie można się zgadzać.

Ktoś wyskoczył za wysoko
Upadł zwichnął sobie oko
Donos dramat zachciewajki
I wychodzą niezłe bajki.

Samo życie praca tańce
Co ma być samo nastąpi
Gorzej jak zabraknie serca
Każdy w siebie wtedy zwątpi.

Rozdziały światowej historii

Świat jest genialny sam w sobie
Codziennością się powtarza
A co najbardziej w oczy się rzuca
To człowiek spokój świata zakłóca.

Human w swojej wyobraźni
Stwarza piekło i udręki
Ludzie jak zaborcze plemię
Pożerają się wzajemnie.

Fikcyjni zbawcy narodów
Wybawcy od grzechów pokutni
Uzurpatorzy świata możni
Chełpiący w chciwości butni.

Warto przyjrzeć się w naturze
Zastanowić się - komu służę
Co jest dla nas pożyteczne
Prawdziwe konieczne bezpieczne.

Moce szumu

W propagandzie moce szumu
Wzrosły ceny od rozumu
Powodem są też kłopoty
Zabrakło rąk do roboty.

W budżecie powstały pustki
Ciągle wadzą się o zyski
Rwetes płacze głośne piski
Śliniące się tłuste pyski.

Krzyk do boju - dniem i nocą
Na placach chorągwie afisze
Ktoś tak bardzo się podniecił
Własną krwią na murze pisze.

Pewnych spraw nie wolno dotknąć
Komuś to się nie podoba
O własną wolność wojować
Ktoś twierdzi że to choroba.

Damy radę wrzeszczą oni
Ubrani na kolorowo
My od dawna opłacani
Jesteśmy tu honorowo.

W szkołach zdalne nauczanie
Budżet w całości porwany
Co pięć minut ponaglenia
Czy się w końcu pozbieramy?

Dawni malarze

Dawni malarze to talenciarze
A potwierdzenie jest na obrazach
Oni tworzyli pejzaże złote
I na co tylko mieli ochotę.

A powstawały dzieła bez liku
Na placach w domach na targowisku
Chociaż za farbę płacili krocie
Nie żałowali jej w tej robocie.

A dawny malarz miał fantazję
Wykorzystywał każdą okazję
Kto był niegrzeczny przykuł do ściany
I na leżąco był malowany.

Czasy obecne to już przegięcie
Po co malować robię sobie zdjęcie
Zamiast pędzelka mam ręce czyste
A zdjęcie piękne i rzeczywiste.

A malowanie jest wielką sztuką
Dobrać kolory rozrobić farby
I wyobraźnię trzeba mieć twórczą
Słowem malarstwo duchowym skarbem.

Zostać malarzem nie każdy może
Trzeba być mądrym żywym szczęśliwym
I nie przejmować się zwykłym garbem
A najważniejsze to mieć na farbę.

Straszne i prawdziwe

Na ulicach manifestacje
A byliśmy tacy spójni
Nagły zwrot do Ameryki
Nie pasujemy do Unii.

Tłumy ruszyły z łoskotem
Zakończyło się nalotem
Demonstracja zakończona
Podrożała woda święcona.

Jak doszło do tego stanu
Nie można temu zaprzeczyć
Ci co byli na proteście
Powinni się przedtem leczyć.

Jak tak ma protest wyglądać
Z kosą w plecach coś dla hecy
To trzeba się w piersi uderzyć
Aż trudno jest w to uwierzyć.

Jedna wojna zakończona
Druga się zbliża w kolei
Ale trzeba być spokojnym
Nigdy nie tracić nadziei.

Przetrzebiono ludzką rasę
Zbiorowe mogiły pod lasem
To się stało - przeznaczenie
Pozostało nam zbawienie.

Ciąg do życia

Życie jest czasowym nurtem
Dni i miesiące biegną hurtem
W teatralnym zwykłym akcie
Bywa że jest już po fakcie.

Życie wciąga w ciasne ramy
Mało do gadania mamy
Zdziwienia i niespodzianki
Niedosyty przeplatanki.

Co od życia może dostać
Taka najzwyklejsza postać
Dobre słowo czy jedzenie
Być może zaciekawienie.

Prawdą jest czy się wydaje
Drogi proste i przełaje
Nie uwierzę bez dotknięcia
Może warto zapamiętać.

Wielcy świata uwieczniają
Mit o dobrobycie
A jak to jest naprawdę
Pokazuje życie.

Losu nie da się okiwać
Co od życia oczekiwać
Po swojemu spraw dopinać
O sobie nie zapominać.

Udane zakupy

Kupił truciznę na muchy
Na mole i karaluchy
Afera się stała niemała
Trucizna nie zadziałała.

Ktoś do kogoś się uśmiecha
Zwyczajnie go akceptuje
Zdarzają się uśmiechy odwrotne
Głupawe i nieroztropne.

Pieniędzmi trudno jest szastać
Kiedy się ich nie posiada
A o to żeby się miało
Potrzeba się z bankiem dogadać.

Słoniowi przyśniły się wrotki
Szerokie spodnie w lampasach
Wracając z zakupów ze sklepu
Pan jeż go przejechał na pasach.

Co można zrobić z tym fantem
Koń się kopał z policjantem
A zając poszczuł go psem
Nie byłem tam ale wiem.

Rząd i nierząd to różnice
Tak zostało ustalone
Rządzący żyją w luksusie
Nie rządzący w drugą stronę.

Cofnąć w pamięci

Cofnąć pamięcią sceny z przeszłości
Co przeminęło w historii życia
Co już zostało nam w wyobraźni
Nigdy nie znajdzie w czasie pokrycia.

Ktoś się w nadziei mocno podniecił
Nakręcał zegar prawie godzinę
Duży wysiłek - bardzo się zmęczył
I nie przewidział - urwał sprężynę.

Czas się zatrzymał - sukces nawiasem
Zegar się okrył dziwnym grymasem
Nastała cisza - ktoś dał się nabrać
Zapomniał czasu z zegara zabrać.

I teraz problem nastał poważny
Czas wpadł w niemałe nerwy
Nawet nie było to uzgodnione
Wskazówki pełzną w odwrotną stronę.

Zamiast korzystać to bałamucić
Problem jest duży z powrotem wrócić
Próbujesz cofnąć czas się nie godzi
I nie wiadomo o co tu chodzi.

Do kogo teraz rościć pretensję
Ukarać zegar obniżyć pensję
A może zmienić zdanie o czasie
Warto spróbować - ale czy da się?

Nie widać a słychać

Pechem zarazić się można
O każdej porze dnia i bez echa
Najlepiej na później odłożyć
Zbyteczne problemy mnożyć.

Wycofano dym z kominów
Bo wiadomo że to śmierdzi
Wprowadzono coś takiego
Czego nie widać a pierdzi.

Taniec - mocowanie nóg
Nadużyjesz - zwali z nóg
Stracić można też niemało
Okazyjnie walnąć pałą.

Miał być dębem został sosną
A wszystko przez grę miłosną
Zakochanie tak wypada
Gdy przystojnego ma się sąsiada.

Znalazłem się w siódmym niebie
Dzisiaj podejrzałem samego siebie
Śmieszne a było to we śnie
I o godzinę za wcześnie.

Piorun wpadł w euforię
Zamierzał pieprznąć w chałupę
Gospodarz to zauważył
Wylał mu na głowę zupę.

Samego siebie się bać
To trzeba się dobrze znać

Nigdy na to nie zezwolić
Siebie z góry op...

Pan policjant na krzyżówkach
Uśmiechał się zawodowo
Mrówka przechodząc na pasach
Długo kręciła głową.

Są ludzie

Są ludzie którzy ciągle za czymś gonią
Beznadziejnie udzielają się w próżności
Hołdujący bezsensownym staraniom
W zapędach osiągnięcia majętności.

To są ci zapatrzeni w swoje bóstwo
Żądni władzy i fortuny zdobycia
Wierzących że im tylko przysługuje
Co nazywa się bogactwem za życia.

Zdarzają się ludzie bezimienni
Zatroskani sprawiedliwi rzetelni
Udzielający się społecznie i towarzysko
Zdolni poświęcić dla prawdy wszystko.

Bywają i tacy ludzie nijacy
Leniwi niespokojni chamscy
Niezdolni do poznania szczerej prawdy
Niecierpliwi nieskorzy do przyjaźni.

Biada wam źli władcy świata

Biada wam źli władcy świata
Którzy mądrość ludzką w pogardzie trzymacie
Wasze trony zbudowane na kłamstwach i strachu

Zgubiliście drogę do ludzkiej godności.

Biada wam źli władcy obojętności
Którzy nie słyszycie krzyku biednych
Wasze rozkazy płyną jak strzały
Rozdzierające serca bez winy.

Biada wam źli władcy w niczym się nie krępujecie
Roztaczacie cienie nad niewinnych głowami
Wasze usta pełne kłamstw i pustych obietnic
Giną w krzyku prawdy i ludzkiej krzywdy.

Biada wam źli władcy
Którzy zbrodnią wzywacie do ładu
Wasze ręce pokryte bliznami
Które nigdy się nie zagoją w waszych duszach.

Biada wam źli władcy co na prawo plują
Ignorowanie sprawiedliwości co czyni was straconymi
Wasze słowa jak ostrza ranią
Ginąc w krew niewinnych co ścieżki przekraczają.

O źli władcy czy widzicie świat nadziei
Czy serca wasze śpią w mrocznych snach
Zanim ostatecznie zgubicie się w waszych rękach
Ocalcie człowieczeństwo i pokój w tym świecie.

Ból

Bólowo to znaczy kłopotnie
Zrozumie ten kogo to dotknie
Przypadkiem palec włożyć mrowisko
A ból pokłoni się nisko.

Psychiczne bóle myślowe
To jest to - co wchodzi w głowę
Coś w rodzaju chłosty rózgą
Niebezpieczne jest dla mózgu.

Czy do bólu można się przyzwyczaić
W pewnym stopniu udać się może
Nie myśleć o tym i starać ocalić
Bólowe sprawy oddalić.

Pewne bóle są skutkiem obżarstwa
Nadmiarowo stosowane lekarstwa
Wymagają psychicznej kontroli
Wiara w to - że nie musi boleć.

Nie wszyscy wiedzą

Może o tym każdy nie wie
Wczuć się w rolę świni w chlewie
A może kosmatej sroki
Ubolewającej na drzewie.

A przeciętna świnia w chlewie
Szykowana na zabicie
To co dla niej najważniejsze
Znajduje się w samym korycie.

A ludzie wyrzutów nie mają
Ot tak sobie używają
Beztrosko i z dużym smakiem
Tłuste mięsko połykają.

A sroka na drzewie to widzi
I bardzo świnki żałuje

Dlatego tak głośno narzeka
I bardzo biedaczce współczuje.

A pomyśleć z drugiej strony
Świat tak został ułożony
W innym świetle niemożliwe
W życiu staje się prawdziwe.

Na manowce

Poszły owce na manowce
Został tylko baran
Bardzo trudno w to uwierzyć
Prawda to jest stara.

Baran beczy na pastwisku
Samotność go gnębi
Na dodatek zaczął kaszleć
Jeszcze się przeziębi.

Koń przybliżył się do płotu
Zadaje pytanie
    Co się stało że narzekasz?
    Powiedz mi baranie.

Baran złożył wyjaśnienia
Na nogach się słaniał
W końcu bardzo się podniecił
I gorzej zbaraniał.

Gąsior zaczął gęgać głośno
I zachodzi w głowę
    Pewnie baran od tej pory
    Jest na chorobowym.

Baran bardzo zawiedziony
Odszedł w dal na błonie
Do tej pory nie wiadomo
Co się stało z koniem.

Przeszłość i przyszłość

Czego nauczyła nas przeszłości
Obszernych kłamstw i braku litości
To że musimy błądzić w mroku sieci
Matki ojcowie i głodne dzieci.

Przeszłości pozornie już zapomniana
Niczym w powietrzu mydlane bańki
Ciągłych potyczek i ran na sercach
W pokłosie licznej wyliczanki.

Przyszłości która jest nam dana
Podobne tworzy wciąż objawy
Elita światowa wzbogacana
Z uporem gmatwa ważne sprawy.

Jedna wojna się nie kończy
A zaczyna druga
To że wszystko się wydało
Winna jest papuga.

A co nam ludziom pozostanie
Nasuwa się pytanie
Odpowiedzi samo przez się
Do niebios powołanie.

I stanie się - czas się zatrzyma
Znikną wszelkie niepokoje

Czas stworzy nowy wzór człowieka
Poznamy prawdę co nas czeka.

Fascynacje epokowe

Fascynacje epoką naszych przodków
Myślowo tworzone wspomnienia
Pochwały zapałów wojennych
Obecnie jest bez znaczenia.

Czy można to uznać za rozważne
Poczynania naszych pokoleń odważne
Przepełnione do wolności dążnością
Wojny i zabory koniecznością.

Krytyczne tezy i opinie
Już osiągnęły szczyty
Ktoś powie dokąd odfrunęły
Wystawne dobrobytu.

A czasy w obecnym wydaniu
Bazują na powielaniu
Błędów czynionych przeszłych czasów
Zaborczo - wojennego rozgardiaszu.

Dopóki się nienawiści tworzą
A planeta jest upokarzana
Nie zamilkną bestialskie armaty
Nie zakończą się ludzkie dramaty.

I pomyśleć że my ludzie nie wiemy
Skąd wzięły się w nas złe geny
I działania w życiowym procesie
Co jutro samo w sobie przyniesie.

Zamęt w czasie

Światowy zamęt czasy patosu
Świat zachłysnął się wrogością
Ktoś pertraktuje głosu próżnością
Walka o prawa jest koniecznością.

Wolności ukaż się w błękicie
Wprowadź na nowo prawdy miłości
Niechaj od zaraz znikną banały
Równej dla wszystkich sprawiedliwości.

Tworzone wojny i propaganda
Nikt z ubogimi dziś się nie liczy
Od bardzo dawna ta skryta banda
Napiera dusi podżega syczy.

Dopóki lud się nie obudzi
Nie wstanie z kolan milczeć będzie
To nigdy pokój nie nastanie
Zaborcza sekta rządzić będzie.

Kto się nie broni ten podlega
Pod zabór i trwogę i pokutę
A będzie to popierał dumnie
Dopóki tego nie zrozumie.

Miliony istnień w tępym obłędzie
Liczy na cuda - jakoś to będzie
Nagina karki - gorzkie łzy leje
Cóż pozostaje - to mieć nadzieję.

Cudna jesień

Dumna jesieni rockowej pory
Pięknie ubrana w różne kolory
Co odzwierciedla na każdym kroku
Kolorystycznie u schyłku roku.

Wiaterek wieje i nikt nie wątpi
Pewnie niedługo chłodek nastąpi
Ptaszyna ciszej melodie nuci
Tęskni za latem co już nie wróci.

Słońce się chowa za szarą chmurką
W lasku się zając kłóci z wiewiórką
A ziemię ścielą od dawna modne
Listki srebrzyste i różnorodne.

Jesień jest pięknym wzoru teatrem
I dogaduje się z deszczem i wiatrem
By rzadziej padał i troszeczkę zmalał
A i wiaterek bardzo nie szalał.

Zapobiec zdarzeniom

Pewnym zdarzeniom można zapobiec
A przy okazji się zabezpieczyć
Jak na to przystać i wykorzystać
Nim zachorować przedtem się leczyć.

Kiedy początek spotka się z końcem
Nagle powstaje chorób tysiące
Łapią się na to starzy i młodzi
Skutki niewiedzy - stąd wiele szkody.

Telewizyjne głośne papugi

Głoszą bez przerwy koszmarne newsy
Oglądający to nałogowo
Mogą zwyczajnie zgłupieć do reszty.

Buzie zmartwione - nadzieja woła
Strajki pochody zamknięta szkoła
W próżni dogmatów pysznią się mnisi
Kto tam biedaków dzisiaj usłyszy.

Zapobiec wojnie i propagandzie
Proste - nie przytakiwać bandzie
Nie dać się zwodzić na obietnice
Oni nam służą - nasze ulice.

Dopóki ludzie się nie obudzą
Nie zrozumieją że źle się dzieje
Nie wstaną z kolan i będą bierni
Próżne starania oraz nadzieje.

Urodzeni szczęśliwi

Człowiek w czepku się urodził
Ptak na drzewie ryba w wodzie
Każdemu się poszczęściło
Cuda dzieją się w przyrodzie.

Urodzić się - to nie jest takie proste
Bóg to sprawił brzmi to dumnie
W kolejnych latach dorastać
I starać się życie rozumieć.

Ktoś kiedyś ustalał porządki
Pierwsza klasa posty w piątki
I niehandlowe niedziele
Najpierw ślub później wesele.

Kto się nie zgadza na jakieś akty
To się go wsadza zaraz za kraty
I nie na krótko na lata cztery
A przy okazji żółte papiery.

Wiadomo - że urodzeni
Nie wszyscy zostaną zbawieni
Jest problem - co zowie się tacą
W niebiosa - jak dobrze zapłacą.

A dalej to idzie jak z płatka
Rodzina mąż żona i dzieci
Istnienie to trudna zagadka
Czas nie pyta beztrosko przeleci.

Co będzie jutro

Co będzie jutro nikt nie wie
Czy deszczyk spadnie czy sypnie śniegiem
Jesień się kończy i pachnie zimą
Na pewne sprawy nie mamy wpływu.

Nadchodzi zima dni coraz krótsze
I nocki stają się coraz dłuższe
A do świąt tylko maleńki kroczek
I powitamy kolejny roczek.

Starsi o roczek to nic nie szkodzi
Grunt że jesteśmy duchowo młodzi
A Nowy Roczek coś nam obiecał
Że będzie lepszy i na nas czeka.

Po co kłopotać na zapas marzyć
Co zapisane musi się zdarzyć

Choćby uciekać na koniec świata
To jest normalne los figle płata.

Ziemia jest piękna o nic nie prosi
Same radości dla nas przynosi
Nowe przyszłości ciągle buduje
A to jest prawdą i to się czuje.

Wkurzające skłonności

Co może być wkurzające
Wołające o pomoc cienie
Płaczki głośno zawodzące
Zafrasowane sumienie.

Uszkodzone w Ikei meble
Że w piekle pali się węglem
Skłonności do debilizmu
Zmuszanie do patriotyzmu.

Wywieszane transparenty
Na nich golutkie dziewki
Od tego się wojna zaczęła
A to już nie są przelewki.

W klasztorze ktoś tacę buchnął
Kościelny z rozpaczy się urżnął
Ponoć pusta ale ze złota
Złożono winę na kota.

I zaczęła się rozróba
Ludzi z kościoła wymiotło
Pastor z nerwów rzuca klątwy
A diabeł wywija miotłą.

Piekło ogniem się zajęło
Diabełki do gardeł sobie skaczą
Do tej pory straszyli za karę
Teraz straszą a nie płacą.

Nuda

Nuda cichym stróżem czasu
Wciąż to samo bez kontrastu
Dni szare i monotonne
Bezbarwne puste monotonne.

Cicha samotność aż do znudzenia
Nudne zaszłości bez powodzenia
Tło bezsensowne puste bezbronne
Zimne i mgliste słabe zawodne.

Życie bez błysku i nieciekawe
Bezsens chwilowy myśli płochawe
Potrzeba iskry i potencjału
By życie z nudą się pożegnało.

Podwójne różnice

Jako ludzie się różnimy
Wyglądem charakterem owłosieniem
A nasuwa się pytanie
Czy też się różnimy cieniem?

Na cieniu swoim się nie zawiedziesz
Tobie nie - cieniowi ujdzie
Cień nie zlęknie się niczego
I na wojnę z nami pójdzie.

A prawdziwie - nikt nie wie kim jest cień

Jak się nazywa gdzie mieszka
Czy jest grzeczny a może niegrzeczny
Uprzejmy miły stateczny.

Cień śledzi mój własny ruch
Myśli ponadprzeciętnie za dwóch
Kto z cieniem beztrosko igra
Ten niebawem się doigra.

Do cienia mieć pretensję
Chociażby o niską pensję
A może o uśmiech na twarzy
Kto pierwszy komu rozkaże.

Cień nigdy się nie obrazi
Jak lubi niech sobie łazi
Jak zechce niech śledzi motyle
O cieniu na dzisiaj tyle.

Odejście

Plandemia odeszła w dal siną
Ot po prostu się znudziła
Zostały raty do spłaty
I zarobione dukaty.

Otrząsnęła się gawiedzi
Liczni byli u spowiedzi
Otrzymali rozgrzeszenia
Nagle zamarli z wrażenia.

Ceny na półkach do góry
Spadek umysłu w kulturze
Ciąg do rozdwojenia jaźni
Odwrócenia od przyjaźni.

I zaczęło się wojennie
Coś co jest teraz w cenie
Część udała się na fronty
I podpala ogniem lonty.

Należy wziąć pod uwagę
Kto udział w wojnie bierze
Robotnik i chłop ze strzelbą
Bez powietrza na rowerze.

A po wojnie nietrudno w to wątpić
Coś nowego może nastąpić
A będą to groby ciasne
Nowe bóle społeczne i własne.

Czasowe rozgrywki

Czas ucieka z każdą chwilą
Łatwo można zauważyć
Ale dotąd nikt nie zbadał
Gdzie naprawdę się gromadzi.

Twierdzenie - że czas jest w zdarzeniach
W zdrowiu i naszych sumieniach
W pracy odpoczynku w geście
I gdzie mu podoba się jeszcze.

Prawdziwe są również dowody
Nasz czas jest zawsze młody
Nie rodzi się i nie kończy
A się ciągle w pełnię łączy.

Jakoś dziwnie się układa
Czasem srogo się rymuje

Ponoć w czyśćcu i piekle
Czas nie obowiązuje.

Co innego jest w niebiesiech
Wczasy nad rzeką pod gruszą
Bez różnicy w grudniu maju
Zegarków nie używają.

Któż więc ma tak dużo czasu
Bardzo zawiłe i nieodkryte
Ponoć masz najwięcej czasu
Głowa w górę emerycie.

Czarne płaszcze

W leśnym zagaju gdzie cienie grają
Zbójcy się w czarnych płaszczach chowają
W osłonie nocnej skradając cicho
Dziwne pomruki z gardeł wydają.

W głowach bezmyślne głupawe skecze
W rękach kurczowo trzymają miecze
Rabują skarby w trawie ukryte
I dzielą łupy z wielkim zachwytem.

Zbójeckie prawa jakże niegodne
Za naszych czasów bywają modne
I co najbardziej jest nieciekawe
Bywa że często są zgodne z prawem.

Wierzyć nie do końca

Trudno zrozumieć - to co się stało
Ludziom normalność z głowy wywiało
Ale nie wszystkim to się zdarzyło
W sztuczną zarazę tak uwierzyło.

Światowe rozgłośnie i stacje
Głoszą nowości i rewelacje
Jakieś programy i przypuszczenia
Niespotykane dzikie sensacje.

A na ekranach widmowe grozy
Czarne kozy ciągną wozy
Napełnione sztuczną zarazą
Muszą ciągnąć - bo im każą.

Drony w górze z każdej strony
Postacie ludzi i mikrofony
Słudzy w mundurach z pałami
Popatrzeć przeważnie ci sami.

Zgodnie z rozkazem od górnej półki
Szczepią co żyje ludzi kukułki
Gęsi i węże kozy i myszy
Wszystko co się rusza żyje i słyszy.

Przed tą nagonką trudno się ukryć
Ktoś robi kpinę niszczy wolności
Kiedyś się prawda o tym odkryje
Ktoś za to beknie i bez litości.

Logicznie

Logicznie krytycznie poważnie
Przez życie kroczyć odważnie
Uczuciowo prężnie z gestem
Wiadomo - że sobą jestem.

Nie musowo w nocy spać
Co jest zwykłym obowiązkiem
Niewskazane płakać we śnie
A przed snem przeczytać książkę.

Zdarza się kaprysy miewać
Po sobie się czegoś spodziewać
Zapytać się siebie o zdanie
Znać odpowiedź na pytanie.

A zdania są podzielone
Nie zawsze zgadzają się z prawdą
A to co jest teraz fałszem
Otrzymać możemy za darmo.

Wiedzieć o sobie wszystko do joty
Omijać wspólnie własne kłopoty
Udzielać się tylko dla siebie samego
I nie bać się byle czego.

Na coś takie się pokusić
Najpierw prać a później suszyć
W jednym i tym samym czasie
Czy da się.

Ekologia katastrofa

Ekologia się znudziła
Chrust się nagle przestał palić
Wymyślono nowy sposób
Po to żeby tak poszaleć.

Nowe władcze dzikie plemię
Próbuje zrujnować ziemię
Wymyśla sztuczne świrusy
Zakłóca spokój duszy.

Rozszalały się spec - bandy
Używają propagandy
Niszcząc co dobre do życia wszystko
Chcą wprowadzić niewolnictwo.

A tu chodzi o mamonę
W końcu trzeba wierzyć przestać
Dochodzi nawet do tego
Na miskę ryżu już nie stać.

Lewa strona prawa strona
Trzeciej już niewiele zostanie
Co nas może uratować
Myślenie na zawołanie.

Świat zatrwożony plandemią
Liczne mózgi już zwapniały
Strachy ruszyły do akcji
W sezonie śmiertelnych wakacji.

Rozumieć i doceniać

Wszechświat natura i czas
Stwarza wszystko co bezpieczne
Człowiekowi się wydaje
Wierzy że będzie żył wiecznie.

A co nazywa się wiecznością
Spotkanie z nową rzeczywistością
Bajeczną krainą czaru
Niespotykanych wymiarów.

Warto by się zastanowić
I docenić należycie
Wydaje się że nie rozumiemy
Jak bardzo kruche jest nasze życie.

Któż wie - co to jest trwanie
Poglądy domysły zasady
I czegoś co nieodkryte jeszcze
Jest dobrem prawdą i szczęściem.

Najlepiej starać się dostosować
Własne życie się starać szanować
Oddalić co jest zbyteczne
Niegodziwe i niebezpieczne.

Jesteśmy tak różnorodni myślowo
Własnej osobowości wierni
Obawiamy się czegoś jako śmiertelni
A pożądamy jak nieśmiertelni.

Nie po kolei

Lato nastąpiło w zimie
Słońce grzeje mróz zamraża
A co tu jest najgorsze
Wkurzona plaża.

Dziś się rozdwoiła babka
Kiedy ujrzała dziadka
Z pończochą na łysej głowie
Wybrał się na ryby w majtkach.

Mięso się zwarzyło w zupie
Ale tylko te wołowe
A golonce uszło płazem
I to już za którymś razem.

Posty zostaną zniesione wkrótce
Nie wspomina się o wódce
O kiełbasie na zagrychę
Rozumowanie nieliche.

Do domu daleka droga
A po drodze piasku pełno
Ktoś jeszcze gwoździe powbijał
Robota jak zwykle niczyja.

Czy wieloryb to też ryba
Pewnie tak a może chyba
A ludzkie przechodzi pojęcie
Jak być wielorybim zięciem.

Dopasować zdarza się

Zachodzimy często w głowę
Jak powstają myśli nowe
Zamierzenia dążenia projekty
Radości upadki defekty.

Nie pamiętać i przywyknąć
Do ciężkiej harówki i mopa
Zdarza się w nagrodę za pracę
Można otrzymać niezłego kopa.

Dopasować się do stanu rzeczy
Zostać na właściwej drodze
A wierzyć w bajki systemu
To być ukaranym srodze.

Sprawa o podwójnym echu
Nie jest powodem do śmiechu
Gdy w grę wchodzi ludzkie życie
Przeżyjecie uwierzycie.

Zło wtłaczane z czartem w zmowie
Wchodzi w istot życia drogę
Nie uderzy własnym biczem
Wykorzystuje ludzką nogę.

Czy to ma jakieś znaczenie
Ciągłe diabełkiem straszenie
Stwarzając złe we własnej woli
Samo z siebie to nas boli.

Musi się dziać

To co się dzieje dziać się nie musi
Odnośnie naszych działań na teraz
Dużo więc od nas samych zależy
A więc musimy sami wybierać.

A źle się dzieje - co jest przyczyną
Że podrożała wódka i wino
Chlebek i marchew oraz tytonie
A klient patrzy w zmartwieniu tonie.

A to nie wszystko bo na dodatek
O wiele procent wzrasta podatek
A o paliwie to aż strach mówić
Można się przy tym niechybnie zgubić.

Ktoś zatankował za dwa tysiące
I raz ostatni spojrzał na słońce
Umarł nieborak przy cepeenie
Zanim wykrztusił jedno życzenie.

Zanim się spotkał z mocą anielską
Przeklął platformę obywatelską
I wszystkich związanych ze zwisem
Krwią się podpisał pod życiorysem.

Aż strach pomyśleć z takiej przyczyny
Życie jest warte w cenie benzyny
A polityka tworzona wiecznie
Na wojowanie tak niebezpieczne.

Historia Dziadka

W starym fotelu siedzi młody Dziadek
Jego historia życia - to nie jest przypadek
Na głowie zero włosów uśmiechy mądrości
Zakończył czytać księgę o nieskończoności.

Dziadek nie taki młody - ale jest na chodzie
Udziela się rowerowo pracuje w ogrodzie
Pisze wierszyki sprośne opowiada bajki
Stroni od alkoholu i dymowej fajki.

Dziadek się bardzo stara kołysanki śpiewa
Głosem donośnym że aż nie do wiary
Jednego nie może tylko zrozumieć
Dlaczego zrobił się trochę stary.

Nasz Dziadek młody nigdy nie grymasi
Twierdzi - że życie to jest sztuką klasy
Niezłomnie wierzy w skarbnicę mądrości
Fajnie się czuje w młodej Babci obecności.

Ktoś taki

Ludzie nie są tacy sami
Jednakowi pod każdym względem
To los decyduje o wszystkim
Kim byłem jestem i będę.

Zdawało się że posiadł rozumy
Wierzył z wyłącznością w siebie
Wielbiciele bili mu brawa
Czuł się jak we własnym niebie.

Zgromadził pokaźny majątek
Olaboga i się stało
Nastąpiło przypomnienie
Odezwało się sumienie.

Było inaczej jak sobie życzył
Raz oddał a dziesięć razy pożyczył
A ile wydawał to nie pamięta
Może troszkę tak od święta.

Biała dama się zjawiła
I w zaświaty zaprosiła
Proponuje jej łapówkę
Trochę skromnie tylko stówkę.

W piekle nie jest tak wesoło
Nieprzyjaźnie głucho i parno
Praca na cztery etaty
Ale wszystko jest za darmo.

Różności wyjątki

Różnie się dzionek nam rozpoczyna
Często rozrywka i słodkie wina
A czas jest krótki niezwykle drogi
I się stwarzają częste nałogi.

A w telewizji same trzeźwości
Filmy o życiu i szczęśliwości
Czasem reklama czegoś przeleci
Coś doniosłego dla mądrych dzieci.

Ktoś kto laptopa ma pod poduszką
Może załamać się zrobić słaby

Wszystkich dotyczy to bez wyjątku
Stąd zagrożenia strach i obawy.

Niektórzy nacisk kładą na ubiór
A liczni piją rzadko ale na umór
Inni pracują nie z własnej winy
Calutką dobę plus nadgodziny.

Jedni lekarstwa jedzą hurtowo
Robią programy na kolorowo
A co niektórzy spróbuj się potknąć
Nie odpuszczają nie możesz dotknąć.

A obywatel chcąc się pochwalić
Wyszło na opak chciano go spalić
Bywa niektórzy bardzo spokojnie
Tylko dla siebie nadzwyczaj hojnie.

Wesoły koniec

Z nastaniem poranka gdy słońce wstaje
Myślę o życiu co szybko mija
Czasami wątpię w swoje marzenia
Czy wszystkie dni było warto przeżyć.

Gdy nadejdzie mój koniec
Nie zamierzam płakać i ubolewać
Chcę byście wspominali wesołe chwile
Takie jest życie - śmiech jest remedium.

Niech pachną kwiaty i nadejdzie wiosną
Nie chcę by smutek ogarnął serca
Proszę was drodzy przyjaciele
Bo mój koniec będzie śmieszny jak zaplanowane.

Bo nawet jak odejdę niech to będzie
Jak pocałunek na wietrze i uściski dłoni
A pamięć o mnie będzie wesoła
Mój koniec będzie niezapomniany.

Światło prawdy

W życiu codziennym prawda świeci
Słowa prostoty i czyny uczciwe
Bez prawdy droga staje się nieznośna
Prawda jest światłością gwiazdy sprawiedliwej.

W sercach się często kłamstewka rodzą
Oszukaństwo zagnieżdża na sposób zawiły
Życie pozornie wydaje się proste
W kręgu kłamstw się dusze nasze zagubiły.

W prawdzie pozorów tonące zmyślenia
Owite siecią kłamstw i poklasku
Fałszywe słowa nieustannie mnożą
Między linijkami na przestrzeni czasu.

W wyobrażeniach tańczę niczym motyl
Pulsuję w rytmie życia nieograniczeniu
Marzenia moje świecą niczym gwiazdy
Żyjąc prawdziwie w wielkim podnieceniu.

Dogonić czas

Czas jest życia przewodnikiem
I na próby nas wystawia
Jest do naszej dyspozycji
Działa pragnie i zabawia.

Jakże łatwo czas roztrwonić
Widać jasno jak na dłoni
Zbałamucić i przepuścić
Udzielając się w rozpuście.

Ważnych spraw się nazbierało
Trudno jest nie zauważyć
Pretensję do siebie samego
Co się nie powinno zdarzyć.

Trzeba zawsze mieć nadzieję
Że wszystko będzie normalnie
Wszystko dobrze się ułoży
Ale nigdy idealnie.

A zdarzyć się może wiele
Na świecie w domu ogrodzie
Bywa że nawet w kosmosie
Wszędzie i w każdym czasie.

Czas dogonić i próbować
Przed samym sobą zniknąć
A do tego się nagłówkować
Korzystniej do czasu przywyknąć.

Naukowe procesy

Wiedza w rozumie się mieści
W kolejności rozum w mózgu
Dalej myśli są na nowo
To wszystko związane jest z głową.

Ktoś się uczy przez lat wiele
Cały umysł na tym skupi

149

Niestety coś tam nie wyszło
A szkoda rozumu nie kupi.

Nie kupi i nie wypożyczy
Nie doda ani nie ujmie
Rozum został przydzielony
Brzmi prosto i bardzo dumnie.

Cóż z powyższego wynika
Czy to wina podręcznika
A może pani uczącej z klasy
Rodzice nie mieli kasy.

Wiedza przysługuje wszystkim
Jak chleb popijany wodą
Przekazywana obłędnie
Kończy się mózgową szkodą.

Wiedza niby nowoczesna
Często mija się z nauką
Posiąść wiedzę w naszych czasach
Jest doprawdy wielką sztuką.

Nowe idee

Dużo się na globie dzieje
Rodzą się coraz nowsze idee
Jakieś dziwne nietypowe
Przy tym bardzo zagadkowe.

Racja racji nie dorówna
Poglądy zmiany instrukcje
Co się z prawdą życia mija
Zamiast pomóc to zabija.

Do idei trzeba mocy
I pomnożenia nadziei
A do tego hartu ducha
Niezbędna również otucha.

A na czasie modne moro
Co drugi wygląda jak zmora
Miecz u boku w szyję daje
Nie do wiary - serce się kraje.

Na polu walki giną rycerze
Biją się po coś nie wiedzą o co
Nie za ojczyznę a za mamonę
Jakieś to wszystko jest pokręcone.

Ktoś nazywa bój miłością
A w teorii często kusi
Mądry zawsze się wymiga
Głupi uważa że musi.

Zimne inne

Pogodynka straszy zimnem
Wszystko teraz jakieś inne
Mroźne powietrze wnika do głębi
Ot zwyczajnie sobie ziębi.

Pomyśleć że ktoś się wysilił
Przypadkiem zimę wymyślił
Na imię mu było Bałwan
To był ponoć niezły gałgan.

Zima do siebie mrozek przygarnia
Śniegiem posypie trzeba odgarniać
Ale jest fajnie na sankach z górki

Mijam po drodze wiewiórki.

Co jest prawdą - co nieprawdą
Z pewnością to sprawka czasowa
Zrozumiałe jak jest zimno
Słońce się za chmury chowa.

Klimat zmienia się czasowo
Znacząco na każdej kresce
Ziębi parzy w pięty łechce
I robi co tylko zechce.

Jakie wpływy mamy na to
Czy jest ciepło czasem zimno
Byle czym się nie przejmować
Z myślą zawsze pozytywną.

Wymysły i działania

Wymysły w czasie są bardzo modne
I tak na co dzień są różnorodne
Zawsze się znajdzie ktoś kto to połknie
I negatywnie go wymysł dotknie.

Szatana wymyślił human
Przyznać na sposób niegłupi
W celu manipulowania umysłem
Znajdzie się ktoś - kto to kupi.

I pomyśleć zadziałało
W ramach więzi i przyjaźni
Piekło i diabeł z rogami
Działa w ludzkiej wyobraźni.

Działa moda na straszenie
Stąd ogromne zniewolenie
Szatan kusi - każą musi
A po drodze jest zbawienie.

Życie mija - czas nie pyta
Namnożyło się dobrodziei w habitach
Jak zapłacisz ile trzeba
Załatwią ci drogę do nieba.

Tajemnice niezbadane
Płonące niczym pochodnie
A prawda ta idealna
Jest dla ludzkości nieosiągalna.

Z duchem czasu

Wichrowe echa i czasowe śpiewy
Snujące wiekowo jak bezbrzeżne rzeki
W historii ukryte chwile dziejów mroczne
Splecione w czasie płyną niewidoczne.

Duch czasu w ruchu wiecznym okryty całunem
Gwiazdy iskrzące w czasowym zegarze
Minione lata odeszły do nikąd
Wraz z tajemnicą do krainy marzeń.

Splecione losy ludzkie czasowo umknęły
Zdarzenia wierszem pisane z balansem
Połączone życiowo z rodzicielką ziemią
W czasowym bycie tajemnicą drzemią.

A czas płynie jak woda w biegu
W poezji pojawiają się przebrzmiałe wątki

Melodia nie umilknie będzie niepodzielna
Pozostanie na zawsze święta nieśmiertelna.

Hopsa hopsa

Nagle doszło do rozgłosu
Skupiając się na temacie
Ktoś zwyczajnie czas zakupił
A czy na to się zgadzacie?

A od teraz - to się zacznie
W nocy człecze chrapiesz smacznie
Nagle w ciele wstrząs nastąpił
Możliwe - że czas się skończył.

Kto nie ma czasu ale narzeka
Niech się pośpieszy - czas nie poczeka
A czas się pewnie za nim nie ujmie
Raczej się skończy - osobnik umrze.

Co ma nastąpić po czasie
Bardzo mało albo dużo
Tylko nikt nie powie tego
A dlaczego?

Sięgam zatem do laptopa
Trzeba płacić - droga ropa
Jakieś grosze wczesna pora
Zapłacone do wieczora.

A po prawdzie tak nawiasem
Prawda się kojarzy z sensem
Źle wykorzystać czas dany
To do siebie mieć pretensję.

Wątroba

Zadbać o wątrobę własną
Proszę wziąć w paluszki długopis
I króciutko w kilku zdaniach
Zapisać proponowany jadłospis.

Po pierwsze - to aż się prosi
Wątroba alkoholu nie znosi
A nawet najmniejsze ilości
W wątrobie wytwarzają się złości.

Wziąć to do serca zadbać o siebie
Nigdy za siebie tylko przed siebie
I nie udawać częstej choroby
Nie jestem chory a zawsze zdrowy.

Po drugie powiadam prawdziwie
Weź wzgląd na medyczne rozgłosy
Jak bardzo naszą własną wątrobę
Niszczy dym i papierosy.

Coca cola i ciasto kremowe
Potrafi w środeczku zakręcić
Nadmiarowo używane
I stąd są zaniki pamięci.

Nie stosujesz się masz przegwizdane
Możesz być bogatym panem
A kiedy ból w środku się wzmoże
Nic nam wtedy nie pomoże.

Warto spróbować

Warto spróbować żeby zrozumieć
By los się ku nam przyjaźnie zwrócił
Postanowiłem że już od dzisiaj
O nic nie będę się więcej smucił.

Nie muszę kajać się przed nikim
Wierzyć w propagandy i bajki
Słuchać zapewnień o przeznaczeniu
Zaczynać dzień od płonącej fajki.

Sam sobie często prawię morały
Bywa że się nieraz zbesztam
Ale kiedy dobrze się sprawię
To pochwalam i pocieszam.

Nasuwa się też myśl smutna
Co będzie jak doczekam jutra
I zabraknie do czegoś chęci
A jeszcze gorzej pamięci.

Rozumiem posiadam też opcje
Śniadanie obiad i tak na zmianę
Gimnastyczne się udzielę
Bujam w obłokach i się weselę.

Nic mi słota wiatr i burze
To co dobre sobie wróżę
Trzeciego dnia każdego miesiąca
Uszy do góry - mam coś z zająca.

Życie po życiu

Życie po śmierci - czym jest naprawdę
Przeżył swój czas co wtedy
Jak na pochówek zarobił
To z pewnością się dorobił.

Żeby umrzeć trzeba żyć
Skoro tak już musi być
Dorabiać się i poznawać
I nie na wszystko przystawać.

Ważna robota a w niej nastroje
O nic nie martwię i nie boję
Nawet gdy osa przy nosie lata
Koniec miesiąca i jest wypłata.

Wiadomo że za darmo nic nie ma
Z pewnością długo nie będzie
Ale są pewne wyjątki
W kościele i po kolędzie.

Teraz jestem ziemskim znakiem
Kawę gorącą zagryzam udem
Że będę kiedyś po drugiej stronie
Można pomyśleć graniczy z cudem.

Zdarza się mądry - który udaje
Zadziera nosa i kurzy fajkę
Nazwał się świętym mamonę trzepie
Uwierzysz jemu - będziesz miał lepiej.

Znaki zapytania

Ekologia jest na czasie
Drzewa kwitną ze zdziwienia
A w tartakach piły warczą
Z ekologią są na starciu.

Zrezygnować ze wszystkiego
Z obiadu śniadania kolacji
Wyłącznie bez nagłaśniania
Z daleka od demokracji.

Z wideł można zrobić igieł
Może nawet cztery setki
A jak spróbować odwrotnie
Można potknąć się sromotnie.

Dola własna jest niejasna
Jakaś przykra zwodna ciasna
Czy uda się wyjść z opresji
I dołączyć do procesji.

Kręcąc głową w lewą stronę
W prawą stroną chcieć odkręcić
Odwrotnie się zakończyło
Program przepadł bez pamięci.

Powinno się i tak wypada
Samemu ze sobą pogadać
A taki się w barze upije
I we śnie ze sobą się bije.

Opatrzność w tożsamości

Boża Opatrzność duchowa czystość
Jest odbierana jak rzeczywistość
Opatrzność bada poskramia złości
A bez obrazy w ramach wolności.

Człowiekiem jestem w programie życia
Sprawdzam tożsamość od urodzenia
Ciągle doświadczam nieznanych zdarzeń
Własne dążenia w coś nowe zmieniam.

A gdzie się udam gdy przyjdzie pora
Serce powoli będzie pulsować
Na białej sali przy złotych świecach
Na przyjście Boskie się przygotować.

Jak wytłumaczyć czego nie widać
I co się kryje nad światem w górze
Jak to naprawdę kosmos wygląda
Ktoś nas bez przerwy z dala podgląda.

A jakie myślę mam teraz wyjście
Żyć jak przystało i uroczyście
Biegać po łące i zbierać kwiaty
Myśleć że wkrótce będę bogaty.

Jestem i czuję mam swoje racje
Skazany na to i obserwację
Samego siebie i otoczenie
To coś niezwykłe jak przeznaczenie.

Gonitwa w czasie

Agresje uliczne drożne na miedzy
Powstają niestety z niewiedzy
A to bardzo zdrowiu szkodzi
I o to tu zapewne chodzi.

Oglądamy program z rosą
Ktoś rozgląda się za kosą
Inny za sierpem i nożem
Ratuj się - kto tylko może.

I zaczęła się gonitwa
Młotki kije tępa brzytwa
Protestują przeciw władzy
Głodni słabi bosi nadzy.

A co dalej - to wiadomo
Nagle zjawiło się komo
Możny pan na białej klaczy
I co to wszystko ma znaczyć?

Teraz z obiecanym niebem
Muszę wyjeżdżać za chlebem
Daliście się nabrać ludziska
Z żałości aż w sercu ściska.

Nic z wolności mali cisi
Decydują globaliści
A po prawdzie tak już bywa
Koń się topi ogon pływa.

Wesoły zięć

Zięć zgodnie z prawdą to godny człowiek
I w trudnych czasach gotów to wsparcia
Tak wiele zalet on w sobie ma
Radość przynosi każdego dnia.

W domu zięciu zawsze z uśmiechem
A przy kolacji często żartuje
Teściowa zerknie - i nie przypadkiem
W ramach przeprosin paczkę daruje.

Mocny chłopisko do tego mądry
Umiejętności wiele posiada
Zgrabnie naprawi i kombinuje
Widać na co dzień i to się czuje.

Teść i teściowa z zięciem to jedność
Wspólne rozmowy czysta przyjemność
Zięciu jak zwykle świata ciekawy
Gotów do pracy i do zabawy.

Wesoły zięć to skarb i pociecha
Wszedł do rodziny jak ptak radosny
A w towarzystwie w parku na deptaku
Radość się wzmaga nabiera smaku.

Dar życia

Życie jest czasowym nurtem
Dni miesiące biegną hurtem
Jak w teatru zwykłym akcie
Bywa że już jest po fakcie.

Zdarza się czasami droczyć
I we własne patrzeć oczy
Niekiedy nawet podglądać
Często za siebie oglądać.

Życie wciąga w ciasne ramy
Mało do gadania mamy
Zdziwienie i niespodzianki
Niedosyty i zachcianki.

Jak zaradzić gdy się słabnie
I zaczyna brakować powietrza
Dzwonić szybko po karetkę
A może przekręcić setkę.

Setkę to ujdzie nigdy pół litra
Na radar złapią trafisz do kicia
I będziesz płacił za tę głupotę
Stracisz rodzinę może robotę.

Co od życia oczekiwać
Losu nie da się okiwać
Po swojemu sprawy dopiąć
Nie zdążyć się w tyłek kopnąć.

Wiara i odwaga

Wiara nie równa się wierze
Gdy się bierze pod rozwagę
Żeby w coś naprawdę wierzyć
Muszę posiadać odwagę.

A być odważnym człowiekiem
Nie trzeba chodzić z kilofem

A problemom się nie podać
Niesłusznie biją należy oddać.

Żeby wierzyć trzeba żyć
Śmiać się płakać być rozmownym
Nie tępym zakompleksionym
Tylko w siebie zapatrzonym.

Wierzyć że lepsze jutro zawita
Ktoś się pożegna inny przywita
Że się prywatnie ziemia obraca
Ktoś nie trunkował a się przewraca.

Wiarę określać to wierzyć trzeba
I często mocno w piersi uderzyć
To iść do przodu nigdy do tyłu
A słońce zawsze będzie świeciło.

Skutki wiary są widoczne
Bywa oparte są na parodi
Czasem wierzymy tak od niechcenia
Często staramy się być w tym modni.

W kolejce

Dawne dzieje przeminęły
Dinozaury z tym się starły
Bo nie chciały służyć ludziom
Dlatego wszystkie umarły.

Pięć żyraf i w jednej kolejce
W to się wcale wierzyć nie chce
Tak się bardzo posprzeczały
Szyjami się poskręcały.

Okazało się kłopotnie
A pasażerów to dotknie
Na pełnym biegu pociągi
Niefajnie - bo szyny odwrotnie.

Ludzie teraz wszystko kupią
Czy to męskie czy to damskie
Myślę że źle jest popierać
Co jest nieuczciwe i chamskie.

Pomimo tak wielkich sporów
Doszło do wcześniejszych wyborów
Nie poparła ich gawiedzi
I nie podołali biedzie.

Biedy nie widać ona się chowa
Wychodzi wtedy kiedy się ściemni
W kosmosie biedy nie ujrzy
Odwrotnie w nadmiarze na ziemi.

A nie ma kary bez zbrodni
Odejść czasem jest wygodniej
Kiedy nie ma w czym wybierać
Po co się o biedę spierać.

Złudzenie

Głupiemu się marzą mądrości
Wszystko widzi jak na dłoni
Kontakt ze złudzeniem mamy
Bo głupota jest w nim samym.

Czy głupi kiedyś zmądrzeje
Coś nie bardzo doskonałe

W dyskusji się okazuje
Co czarne staje się białe.

A to już poważna sprawa
Głupiec bije sobie brawa
A to z góry jest przegrana
Bo ma w główce bzdury same.

Rozum głupola jest wiatru szumem
Życie go pyta czy myśli tak
On odpowiada z wielką powagą
        W mądrości liczy się tylko wiatr.

Głupota bezgraniczna jest pustką
Coś wyobrażalne i tylko we mgle
Przy tym rwetes moce szumu
A prawda jest jedna - nie kupi rozumu.

Gołąbki pokoju

Gołąbki pokoju w przestworzach śpiewają
W białych szatach anielskich panującej ciszy
Miłości niosą na skrzydłach w locie
Nieustannie i we dnie i noce.

Posłańcy pokoju na skrzydełkach lśniących
W powietrzu tańczą w troskliwej harmonii
W sercach ich spokój i dobroć w wywodzie
Na zewnątrz niepokoje oni zawsze na przodzie.

Gołąbek krąży nad bezdrożnym brzegiem
Wysoko myślami i dobrem spajając
Znaki nadziei w ciemności ofiarując
Ludziom prawdziwie pokój oznajmiając.

Burze przeminą zapanuje cisza
Gołąbek pokoju łagodnie lot obniży
Ze znakiem spokoju w sercach naszych
Wprowadzi miłość I pokój na zawsze.

Do boju

Oni krzyczą - stań do boju
Bądź patriotą pokaż krzepę
Do boju - pomijając siebie
Zachłyśnij się krwi wyciekiem.

A bojownicy starzy i młodzi
Nie rozumieją o co tu chodzi
Ktoś niewidoczny w szereg ich stawia
Dalej wiadomo życia pozbawia.

O co walczyć?
Za kogo ginąć?
To absurdalne dzikie szalone
Typowy biedak żołnierz ubogi
Zostawia dzieci rodzinę żonę.

To jest haniebne z prawdą się mija
Biega po polu strzela i zabija
I wyląduje w drewnianej trumnie
Niestety - cieszyć się tam nie umie.

Pan Bóg wolnością ludzkość obdziela
Prawem do pracy i wypoczynku
A co tam zuchu - karabin w łapę
Ot tak beztrosko strzel sobie w czapę.

Dostaniesz order pomnik postawią
A nie za darmo modły odprawiają

Spróbuj przed walką pomyśl o piekle
Tam - to dopiero leczą przewlekle.

Oddać wszystko

Żeby mieć to trzeba chcieć
Dorobić się fortuny na czasie
Jak tylko się staniesz bogaty
Oddaj wszystko - ile da się.

W mądrych księgach napisane
Czas podążać za potrzebą
Zapewnienia na sto procent
Osiągniesz w nagrodę niebo.

Konieczność wyzbycia brylantów
Samochodu mebli i domu
A masz problem i niemały
Oddać wszystko - tylko komu?

Temu kto na to zasłużył
Na Dom Dziecka na Dom Starca
Dla kogoś kto stracił pracę
A może donikąd na tacę.

W oryginale piękna sprawa
Nie popieram głoszących bajery
Jak popatrzeć na to z bliska
A wy w to wierzycie ludziska.

Jak pogodzić się z tym faktem
Tę ideę puścić kantem
Głupi stara się jak umie
Mądry tego nie zrozumie.

Dzień Babci 2023 r.

Dzisiaj Dzień Babci jutro Dzień Dziadka
W internecie i gazet okładkach
Na ekranach w telefonie
Cały świat w radości płonie.

Babcie dziś rozpromienione
Wszystkie troski poznikały
Dzisiaj młodsze pokolenia
Do Babci swoich przyjechały.

Jako pierwszy nasz Dziadek
Babci róże podarował
Które prawie cały miesiąc
W ukryciu w ogródku hodował.

Tak z okazji Babci Święta
Zjawiły się w komplecie Wnuczęta
To jest uroczystość wielka
Rocznica ważna rzecz święta.

Wznosimy toast za Babci zdrowie
A echo radośnie odpowie
Drogie Babcie śliczne buzie
Przyjmijcie te piękne róże.

Wraz z życzeniami zdrowia i pomyślności
Pociechy z Wnuczat wiele miłości
I od nas wszystkich z bliży i dali
Byśmy się za rok znowu spotkali.

Zdrowotności

Coś o dobrej zdrowotności
Prywatnie i w społeczności
Polecane jest o zdrówka dbanie
Gdy tylko poranek nastanie.

Przykład odporności na ból
Doświadczony stary król
Z bólem w środku klątwy daje
Niestety ból nie ustaje.

Wkrótce się pojawił znachor
Co wszystkie rozumy pozjadał
Odprawił stosowne czary
I króla dokładnie zbadał.

Przez chwilę pomyślał troszeczkę
Przykulgano pod tron beczkę
Król pociągnął niemal połowę
Nagle mu odjęło mowę.

Nasz władca drzemie na tronie
W pełnej zbroi i koronie
I trudno tutaj zaprzeczyć
Ktoś wie czym - i jak się leczyć.

Ocknął się i zerknął w koło
Siorpnął z beczki należycie
Pustka wokół tron się zapadł
Zrozumiał że przespał życie.

Z niczego

Zadowolony jestem z niczego
Wyrażeniem czynem gestem
Dobrze czuję się w tym typie
Los mi samo dobro sypie.

A nic tam komu do tego
Że nie jestem niedołęgą
A mieszkam w domu bez dachu
I nie widzę w tym obciachu.

Z niczego czy coś wyrośnie
Może tak ukradkiem tylko
Mam przed sobą cały tydzień
A mocuję się ze chwilką.

Tradycyjnie trwam w historii
Lubię newsy i dramaty
Za siebie i sobowtóra
Otrzymuję trzy wypłaty.

Pierwszą wypłatę za pracę
Drugą sam sobie wyznaczę
Tą ostatnią tylko w dzień
Bo tu chodzi o mój cień.

Sam do siebie się uśmiecham
Cieszę się że nie mam pecha
Chęci swoje miewam własne
To już koniec wszystko jasne.

Święto Dziadka 2023 r.

Święto przyszło z samym ranem
W kalendarzyku zakodowane
Na czerwono cała kartka
Przy sobocie Święto Babci
A w niedzielę Święto Dziadka.

Dziadzio już na emeryturze
Zakłopotał się niepojęcie
Zrobił jakże oczy duże
Zapomniał o swoim święcie.

Ale Babcia nie zapomniała
Kapcie Dziadkowi podarowała
Przy niedzieli chwała Bogu
Przywitali Wnuczki na progu.

Z okazji Święta Dziadka
Serca w górę równaj krok
Wnuczęta pamiętają o Dziadkach
Bez przerwy przez cały rok.

Życzymy wszystkim Dziadkom na świecie
W mieście gminie i powiecie
Szczęścia zdrowia i pomyślności
Sto lat życia i powodzenia
Byśmy jak najczęściej się spotykali
Serdeczne dzięki za wszystko
Jesteście kochani wspaniali.

Bajka dla dorosłych

Na układy nie ma rady
Pogubiły się zasady
Dziwnie się budują kręcą
Ustalono że cyferki
Kończą się na 465.

Dalej nie ma sensu liczyć
Bo można się przejęzyczyć
Czekać na jakiś dodatek
Spóźnisz się - zapłacisz podatek.

Tak to się naprawdę dzieje
Uwaga na przywileje
Nagradzanych panów w ławach
To już na tragizm zakrawa.

Pan na sali kurzy fajkę
Opowiada ciepłą bajkę
O pandemii jak się ściemni
I o wielkim dobrobycie
Czy wy ludzie to słyszcie?

Wiadomości w eter poszły
Do dalekiej Ameryki
W międzyczasie emigranci
Przyjeżdżają aż z Afryki.

Prawda się z oszustwem starła
Liczba słuchających zamarła
Reszta w kątach dogorywa
A czas nie pyta upływa.

Zawirowania w czasie

Zawirowało w czasowym bycie
Dużo się dzieje sami widzicie
Dziwnej sytuacji głupawe skecze
Rośnie niepokój na całym świecie.

Wielkim bogaczom nieźle odbiło
Do wojny pędzą z ogromną siłą
Dezinformacja chaos się wzmaga
Dobro zanika - narasta zgaga.

Ciągłe straszenie z dołu i z góry
A propagandy niemałe chmury
Nawet z kosmosu obelgi lecą
Wosk się roztopił a świece świecą.

Umrzesz biedaku - któż cię pochowa
Jak nie zapłacisz z tym nie ma żartów
Komornik zedrze ostatnie szaty
I na gołego sępy rozszarpią.

A szukać winnych takiego stanu
Obarczać straszne moce piekielne
Samemu sobie ulżyć w potrzebie
Winnych należy szukać wśród siebie.

Jak się obronić i działać zatem
Wyjść na ulicę z mieczem i batem
Głodny i chłodny w duszy cierpieniem
Wojować o coś i z własnym cieniem.

Problemy czasowe

Doszedłem do wniosku że tak wypada
Postanowiłem z czasem pogadać
O wyjaśnienia pewne poproszę
Mam sporo latek sześćdziesiąt osiem.

Teraz rozumiem że było warto
Czas się umówił ze mną na czwartą
Przygotowałam prosię na ruszcie
Wino ciasteczka grzybki w kapuście.

A na zegarze czwarta godzina
Patrzę przez okno a czasu nie ma
Może przypadkiem nabył się stresu
Albo zapomniał do mnie adresu.

Minęły jeszcze długie godziny
Bardzo mi przykro nie znam przyczyny
Nie mam pojęcia jak na to patrzeć
Czas się nie zjawił - ja jestem starszy.

Tak się zawiodłem przygryzam wargę
I nie odpuszczę wprost złożę skargę
W normalnym trybie i ugodowo
Jeden jest problem tylko na kogo.

W końcu mój własny rozum doradził
Poinformował bym się nie wadził
Czuję się swojo jest mi przyjemnie
Teraz rozumiem - że czas jest we mnie.

Niepoprawność w myśleniu

Wesołego wciąż udawać
A do tego mieć powody
To można zostać wariatem
I stracić kontakt ze światem.

Od dzisiaj są wolne piątki
A to dopiero początki
Niebawem będą wolne miesiące
Początek połączy się z końcem.

Wojny są i będą jeszcze
Tak jak wiatry ciepło deszcze
A na buźkach dziwne miny
Czołgi armaty i karabiny.

Wojaczka to taka tułaczka
Głupia niepoprawna dzika
Za jakieś marne grosze
Kupuje się najemnika.

A choroba nie wybiera
Mocny gruby cienki słaby
A po prawdzie szkoda ludzi
Malca chłopa tęgiej baby.

A gitara grać przestała
Bo jej struny nagle pękły
Kiedy ujrzały palce
Grubsze niż drogowe walce.

Oblicza prawdy

Czas przemija niepostrzeżenie
Bez początku końca i kierunku
Jest ciągły nieprzerwany
A często niedoceniany.

Świat się odbija w zwierciadle
Co niektórzy na coś liczą
Wiadomo to są duzi nie mali
Swoje oblicza już pokazali.

Sytuacja się stwarza i stąd
Ktoś - chce stworzyć jeden rząd
Bogacz z klechą na świeczniku
Pan - i - miliony niewolników.

Szkoda - że dotąd biedny nie rozumie
Co naprawdę piszczy w trawie
Z kosmosu lęk i pożoga
Twierdzą - że to z winy Boga.

Nikogo teraz już nie obchodzi
Prawie zostało udowodnione
Że wskazówka na zegarze
Obraca się w prawą stronę.

Rozejrzyjmy się wokoło
Na nasze pola ogrody lasy
Trzeba pomyśleć zanim coś zniszczyć
Żyjmy nadzieją na lepsze czasy.

Uczę się

Uczę się przez całe życie
W danym przez Boga mi czasie
Z podziwem od ranka do zmroku
Dotrzymując losu kroku.

Jesteśmy podziwiamy tęsknimy
Rozumiejąc jak życie jest wiele warte
Pomijając jak często się mylimy
A codzienność przynosi chwile twarde.

Uczę się ciebie życie i na to mnie stać
Ktoś każe mi się czegoś bać
Zmieniać poglądy czasowe
Odkrywać co jest lepsze i nowe.

Zamknięci we własnych myślach
Często trudnych do zniesienia
Pełni bólu i rozterki
Czasowego przygnębienia.

Zmieniają się czasy i poglądy
Technika wkroczyła w nasze losy
A prawda jest tylko jedna
O przyszłości zadecydują niebiosy.

I pomyśleć że ludzkości przypadło
Wadzić się o wodę i jadło
Co stwarza zagrożenie istnienia
A wszystko jest do naprawienia.

Losy na szali

Los na szali się przegina
Czas nadchodzi wrogi dziwny
Siły wrogie nieustannie
Zbliżają się do mojej Ojczyzny.

Miasta żywe wieś spokojna
Wariatom marzy się wojna
Stąd wezwania furi dream
O co walczyć - z kim i czym?

Nie wolno do tego przystać
Dać się do walki tak wykorzystać
Wojować i czynić się wrogiem
Z sąsiadem i tuż za progiem.

Wypadałoby się dogadać
Jak przyjaciel z przyjacielem
Zgodę tworzyć i rozsądek
Dbać o przyjaźń i porządek.

Wstyd i hańba tacy stróże
Robić takie coś w naturze
Składając wiernych w ofierze
Ubliżać we własnej wierze.

Nie cofać się nigdy do tyłu
Czas zakończyć dziwne skecze
Nie wrócimy do normalności
Zostaną nam łuki i miecze.

Bezpowrotnie

Od rzeczywistości się oderwać
Próbować myślenie przerwać
Szukać drogi i właściwych śladów
Które donikąd zaprowadzą.

Dokąd - bez początku i końca
Wielu zdarzeń epokowych zawiei
W poszukiwaniu tego co nie istnieje
Bez pamięci chęci i nadziei.

Z gry życiowej i wyobraźni wynika
Nieuchronny stan czasowego starzenia
Bez końca środka i początku
Woli Bożej ustalonego porządku.

Dokąd zmierzamy nieuchronnie
Gromadnie jednostkowo ulotnie
Radośnie w zakłopotaniu samotnie
A pomyśleć niechybnie bezpowrotnie.

Góra i dół

Przyroda powietrze i woda
Wierzchołki i doły i próżnia
Kultura bieda bogactwo
Szaleństwa obłuda prostactwo.

Sumienia niezgoda i jeszcze
Pogoda słoneczna i deszcze
Niedziela piątek i sobota
Wakacje lenistwo robota.

Na górze dobrobyt dostatek
Mamona rozrywka zawody
I łatwo się teraz domyślić
Największej dla świata szkody.

Na dole z reguły wspólnota
Robota i ciągłe napięcia
Do oddawania nad miarę
Ale minimum do wzięcia.

A równość i prawda odchodzi
Powielane są wciąż niepokoje
Czego się dorobiłeś przez życie
Jutro być może nie twoje.

To wszystko i z tego korzystam
Bezpłatnie pracując w naturze
Pomyśleć i umieć docenić
Czy aby na wszystko zasłużę.

Nagłe zmiany

Nagle zmienił się cały świat
Stał się inny Boski nowy
Prościejszy wolny od wojen
Romantyczny i kolorowy.

Zło odeszło do lamusa
Nikt tym nie zaprząta głowy
Wyrównują się ambicje
Wraca prawo i tradycje.

Głupie myśli są w areszcie
Pod zamknięciem toczą spory

Nic nie mają do zepsucia
I bez czasu na amory.

I staje się dosyć kłopotnie
Ktoś postępuje odwrotnie
W chęci na łatwe zyski
Ktoś kupuje złote kołyski.

Co powyżej jest teorią
W praktyce zdarzają się spiski
Przejedzenie nie jest grzechem
Korzystając z pustej miski.

Jest szansa na idealny świat
Oparty na równości i fantazji
Warto o tym pomyśleć
Już teraz tak przy okazji.

Na wesoło przypadki

W myśleniu są różne przypadki
A też niemałe zagadki
Wystarczy się czasem zapomnieć
I można ześlizgnąć się z kładki.

Myślenie to nie tylko teorie
To chęci praktycznej mądrości
Polega na zrozumieniu
Czegoś co posiada wartości.

Ktoś w myślach sobie biedy napytał
Samego siebie się nie zapytał
Skończyło się niezbyt miło
Spadł z drabiny której nie było.

A na myśleniu można zarobić
Niekiedy niemałą fortunę
Pod choinkę na Mikołaja
Podłożyć kurkę na jajach
I są Wielkanocne kurczęta
A kogut to zapamięta.

Myślowo sprawa dobrze się miała
Niedrogo sprzedana fantazja
Dziadek za darmo buja w obłokach
Udaje malca i ciągnie smoka.

Działania

Nawet niewidzialna postać
Można by i tak to nazwać
Chodzi z kosą rankiem boso
Może też po buźce zarwać.

Kac silniejszy jest od śmierci
A pastora to spotkało
Tak damę trzasnął kropidłem
Aż jej kosę z rąk wyrwało.

I rozszumiały się wierzby
Pastor był nieźle wcięty
A choinka jeszcze w lesie
Nie dojechały prezenty.

Wchodzi biała bez pytania
Niepamięcią się zasłania
Twierdzi że ma taką robotę
Do tego w wolną sobotę.

Jak zapobiec sytuacji
I zakończyć dobrym skutkiem
Nie pozwolić żeby weszła
A więc zamknąć drzwi na kłódkę.

Białą damę wymyślono
Do straszenia ludzi słabych
To tak jakby przeciętny bocian
Bał się jakiejś brzydkiej żaby.

Pieśń trudu

W życiu trudności mamy niemało
Jak cienie zawsze przed nami stają
W życiu prywatnym z dołu i z góry
Stawiają opór i twarde mury.

Ścieżki życiowe trudem utkane
Ciągłe porywy rodzą wyzwania
Walka o byt a czas upływa
To co pragniemy trzeba zdobywać.

Gdy los przeciwność na drogę rzuci
W sercach moc siły nowe obudzi
Życie nam sprawia trudności lekcje
W bólu naukę i zrozumienie.

Trudność to tylko chwilowe cienie
W nas samych moc i siła przetrwania
A słońce nagle dla nas rozbłyśnie
Na drodze naszej miłość rozkwitnie.

My ludzie w swoich działaniach mamy
W trudnościach życia moc zdobywamy

Pokonując przeciwności jesteśmy silni
Trudność jest drogą w której dojrzewamy.

Parodia

Doktor pacjenta nie przyjmie
Tak bardzo się lęka świrusa
To co obecnie się dzieje
Do myślenia wszystkich zmusza.

Coś sztucznego wytworzono
Co to się nie trzyma kupy
Jakieś testy i bajery
Lekarstwa i żółte papiery.

Niecna głośna propaganda
Wrzaski łapanki hałasy
Z której by nie spojrzeć strony
Proletariat zubożony.

Dokąd może doprowadzić
Ta prywatna demokracja
Nastawiona przeciwko sobie
Sztuczna mózgów izolacja.

A niektórzy w pewnej chwili
Nadgorliwi się zrobili
Podglądają krzyczą śledzą
Co robią nie bardzo wiedzą.

Światowi gracze dobrze się mają
A w propagandzie się udzielają
Więcej jest zgonów niż urodzeń
To gołym okiem widać na co dzień.

Panna gitara

Panna gitara jest zawiedziona
Często puszczają jej nerwy
Nie dość że struny cieniutkie
Ktoś nimi szarpie bez przerwy.

Grający powinien się starać
Pogłaskać pochwalić popieścić
Zaglądnąć i tam i tu
Zanucić utulić do snu.

Co często ma gitara w ofercie
Bywa tak że nie na jednym koncercie
Nietrzeźwi tak na strunach kozaczą
Strach pomyśleć taka kara i za co.

Całe wieki gitareczka trenowała
W końcu lat się nazbierało furę
Odeszła bardzo szczęśliwa
Na zasłużoną emeryturę
A w muzeum oddechy łapie
Nikt jej teraz za struny nie szarpie.

Pomysł na lepsze życie

Chciałoby się żyć wygodnie
Bez zahamowań i stresu
Stop zamartwianiu się o jutro
Zadowolenia z sukcesu.

Co jest przeszkodą lepszego jutra
Sytuacja zdrowotna czy finanse
Którymś razem coś nie wyszło
Kolejne zmarnowane szanse.

Co decyduje o naszym szczęściu
Ktoś powie że zdrowie i wypłata
Inteligencja i stopnie naukowe
Zachowanie obronne bojowe.

Chcąc się powiesić za lewą nogę
To niemożliwe sznury za drogie
Później utopić to też niemiło
To nie przystoi - bo dna nie było.

Powiedzieć jasno - napraw się człecze
Koniec promocji to nie jest wieczne
Od teraz głowę unosi dumnie
I jest szczęśliwy choć nie rozumie.

Skąd wziąć pomysły na lepsze jutro
Zwracać uwagę na pewne próby
Mimo że drobne w naszych portfelach
Ktoś nam próbuje dokręcać śruby.

Uznać siebie - odnaleźć drogę

Biegnąc w myślach za sukcesem
Z wyłączonym dżipiesem
Szukam czegoś i od teraz
Z czymś niewidocznym się ścieram.

I zaczęło się pod górkę
Zrozumiałem rzeczywistość
Do dalszej wędrówki zabrakło siły
I marzenia się skończyły.

Jak odnaleźć się na nowo
Gdy mosty zostały spalone

Uznać siebie pokonanym
Przejść na inną życia stronę.

Teraz ze zdwojoną siłą
Szukam czegoś żeby przetrwać
Z niewiadomych losu przyczyn
Nie mogę pozostać z niczym.

A więc w końcu się powiodło
Mimo wielu niespodzianek
Zakończone jest sukcesem
Karty zostały rozdane.

Koniec gry finał ciekawy
Ktoś pomyśli że po sprawie
Wygranym okazał się taki
Co schował asa w rękawie.

Prawda o wojnie

Życie - zdarzenia w czasie
Walka o prawa i tajemnice
Coraz nowsze koślawe myślenia
Kapitału wielkiego założenia.

Nagle wojna rozpoczęta
Świszczą kule czuć trotylem
Krew przelewa się na polach
Króle skryły się w podziemiach.

Kto ma walczyć dniem i nocą
Strach pomyśleć tylko o co
Ktoś tam strzela - ktoś ma premię
Krew bez przerwy rosi ziemię.

Krzyże w lesie i na polach
Na cmentarzach krzyk i bóle
Jakoś dziwnie się złożyło
Ocalały tylko króle.

Król powraca w wielkiej chwale
Dzwony biły hymny grały
A pod lasem w szarym polu
Żołnierzowi grób kopali.

Zakończenie bardzo smutne
Ze źle pojętą miłością
A ci co zginęli na froncie
W trumnach cieszą się wolnością.

Taniec serc

Szczęśliwe kroki w małżeńskim tańcu
Przez cały roczek wspólne podróże
W sercach rozkwita miłość jak kwiat
Poznaje śmiało bajeczny świat.

Na drodze życia tańczymy razem
W małżeńskim tańcu serca rytmy biją
Miłości wierszem niesie wspomnienia
Wieczna wzajemność i przyrzeczenia.

Zgoda w małżeństwie jak piękne wiersze
Wspólne radości i zrozumienie
Niech nasze myśli harmonię tworzą
W miłości ścieżkach z pomocą Bożą.

Wspólne podróże uściski dłoni
W sercach harmonijne dźwięki

W małżeńskim świecie wzorem kwieciste
Wzrasta w pokoju czysto świetliście.

Wiadomości z pierwszej ręki

Wiadomości jest niemało
Codziennie o tym i owym
Rolnik zapatrzył się ekran
Zapomniał wydoić krowy.

Komitety się rozpadły
A papiery mole zjadły
Jak przyczyny tego szukać
Do własnej głowy zapukać.

Nie można się nigdy pomylić
Przypadkiem niebo przychylić
Nie stanąć zwyczajnie na stopie
Gaz do dechy i po chłopie.

Wymyślone ciągłe wojny
A to wkrótce się okaże
Mądry myśli wie i czuje
A głupi niech sobie wojuje.

Sąd ostateczny nastąpi
O co chodzi to wiadomo
Stan wyjątkowo jakiś nijaki
Już się nie wraca do domu.

W karnawale jest wesoło
A w poście inaczej odmiennie
U bogatego głośna muzyka
Biednemu na chlebek nie styka.

Ucieczka z byle powodu
Byle nie taka donikąd
Bo stamtąd nie ma powrotu
Roweru i samolotu.

Skutki myślowe

Nieroztropne jest ubogie myślenie
A bywa szkodliwe w skutkach
To coś jak w ramach rozróby
Ostra walka z bocianem na dzioby.

Zanim umarł - to zaznaczył
Nie wierzy że się zestarzał
Ktoś mu życzył powodzenia
By po śmierci na siebie uważał.

Myślenie do tyłu i po co
Przede wszystkim mózgu szkoda
Rozpatrywanie przeszłości
To poniekąd teraz moda.

Raz do tyłu raz do przodu
Dziwne zachowania w sobie
Korupcja niestałość i chytrość
To na czasie rzeczywistość.

Wiara w skutkach ot i co
W każdego uderzy z osobna
Najgorzej na skutek tych działań
Jest z normalnością niezgodna.

Wiara służba i teoria
Dogmaty i euforia

A słowa pokora pociecha
Nie są niczym innym niż echa.

Wyrażenia

Starać się żyć na dostatnio
Więc wyrażać się dodatnio
Omijając wszelkie pokusy
Życia odloty minusy.

Mieć na uwadze dążenia własne
Usiąść za właściwym sterem
Wierzyć w swoje poczynania
Być dla siebie wizjonerem.

Nie cofać się myślowo - wstecznie
Jak to bywa bardzo często
Co się stało pozostanie
Było rzadko - będzie gęsto.

Pozytywność jest wytworem
Ja mojego w każdym względzie
W życiu zwyczajnie na co dzień
W stu procentach fajnie będzie.

Zaufać sobie samemu
Z początkiem środkiem i końcem
Iść po drodze życia prostej
Ze wstającym porannym słońcem.

A prawdziwie się wyrazić
I hartu ducha nie trwonić
Starać się pamiętać o tym
Że czasu nie można dogonić.

Kraina marzeń

Opuszczają własne Ojczyzny
Kraje w których dorastali
I głosili prawdy żywe
O wolności sprawiedliwej.

A dlaczego tak się dzieje
Jak można do tego dopuścić
Krainę swoich marzeń
Tak nagle muszę opuścić.

To skojarzenie prawdę powie
Mimo że jest bardzo długie
Czy musi mnie ktoś poganiać
Jak konia za pługiem.

Ale trafiają się i tacy
Na niby wspaniali rodacy
A przeważnie gdzieś na górze
Stwarzają tak wiele zaburzeń.

Jak walczyć by się nie poddać
70%. własnego dorobku oddać
To coś jak wdepnięcie na minę
Tylko 30 % zostaje w rodzinie.

Wspominając o procentach
To tylko cisza przed burzą
Co niektórzy mają więcej
A wiadomo komu służą.

Jestem obecny

Czy kosmos istnieje naprawdę
Trudno sobie wyobrazić
To co budzi się i drzemie
Nazywa się życiem we mnie.

To że żyję - teraz jestem
To jest w moim interesie
Za dnia biegam sypiam nocą
A doprawdy to i po co?

To co życiem się nazywa
Nie przybywa lecz ubywa
A to też każdego dotknie
Chyba że myśli odwrotnie.

Może lepiej nie dociekać
Skąd się wziąłem ciałem duchem
Mogę sobie wyobrazić
Że w kosmosie jestem zuchem.

Pewnie zuchem to za mało
Czegoś jeszcze by się chciało
Więcej chwały i rozgłosu
Właścicielem całego kosmosu.

A po prawdzie to co ważne
W myślach obejmuje wszystko
Tego się nigdy nie wstydzę
To wszystko jest moje co widzę.

Liderzy

Odchodzą liderzy ustrojowi
Na ich miejsce pojawiają się nowi
Którzy głoszą nieciekawe herezje
Zakrawa to na amnezję.

Udzielają się w błędnej logice
Pomylonej polityce
Uważają się za bogów
A nie uwzględniają rogów.

Nowi liderzy ustroju "Nic"
Wydawałoby się dobrodzieje
Wystarczy tylko popatrzeć
Co się teraz na świecie dzieje.

"Nic" to ustrój - nic dobrego nie wnosi
Na co dzień to widać dokładnie
Złodziej się każe przeprosić
Za to że wcześniej okradnie.

"Nic" trzeba pamiętać o jednym
Stwarza nowy kłopot biednym
Wprowadza podatki i daniny
Wiadomo z jakiej przyczyny.

Do niczego jest podobne
Z wyglądu piękne ozdobne
A w środku steki zgnilizny
Politycznej hipokryzji.

Boom

Gramy w boom - nie zdając z tego sprawy
W obecnym czasie na sposób nieciekawy
A jak zakusy w temacie dać połączyć
Ta gra się może nagle skończyć.

Rozpoczęliśmy teraz już na nowo
Coś niebezpieczne z trzecią wojną światową
Wiadomo kto pociąga za sznurki
I straszy ściekiem atomowej chmurki.

To co obecnie dzieje się ze światem
Jest niczym tylko strachem i dramatem
Ktoś nas próbuje okraść z własnej woli
Okłamać skłócić i zniewolić.

Niegodna zmiana urąga
Zło po mamonę pazurki wyciąga
To z nowym ładem bieży chyżo
Jest prawdą - nie za darmo miska ryżu.

Gdybanie

Gdybanie związane z tradycją
Jak związki mafijne z policją
A życie konieczności wymiarem
Nagroda tylko za karę.

Dociekać czy ziemia jest żywa
Czy ktoś to udowodnić potrafi
Co może nastąpić fizycznie
Jak kosa na kamień trafi.

Domyślać się można wszystkiego
Obojętnie nawet we śnie
I aby się spełniły życzenia
Do snu się układać wcześnie.

Czy ktoś to rozumieć musi
Ułożyć się do snu bez duszy
Bez czucia oddechu samotnie
A sen też się spełnia odwrotnie.

Odpoczywać po pracy w fotelu
Być może nie wszyscy to czują
We własnym mieszkaniu za darmo
W areszcie w nagrodę pilnują.

Niewskazane zapominać się we śnie
Bo można zakończyć za wcześnie
Obudzić się bez portfela w kieszeni
A grube monety na drobne zamienić.

Może się przydać

Uwierzyć w to czego nie widać
Czy może się kiedyś przydać
A z duchem czasu przewidzieć
By nigdy się tego nie wstydzić.

Przeznaczenie w czasie czynem i gestem
Czuję że żyję ale czy naprawdę jestem
Zwyczajnie w beztroskiej codzienności
A może tylko dla własnej ciekawości.

Duszyczka się Boga wyrzekła
Za karę trafiła do piekła
A teraz nagminnie się wstydzi

Bo w piekle przyszłości nie widzi.

Dlaczego wciąż się dwoję i troję
Być może sam siebie nie rozumiem
Żałuję za coś - czego nie posiadam
Nie ze swoich grzechów się spowiadam.

Ktoś ciągle myślał o jednym
Koniecznie chciał zostać biednym
A problem się stworzył nie mniejszy
Bo przedtem był jeszcze biedniejszy.

Zawiedzeni często na sobie
Próbujmy tak przy okazji
Zadowolić swoją osobowość
W czynach myśleniu i fantazji.

Sobowtór

Warto się przyjrzeć samemu sobie
I się odważyć siebie się nie bać
W dzień to ujdzie bezboleśnie
A nocą - najgorzej we śnie.

Samego siebie jak ocyganić
Ukarać za coś być może zganić
Wsłuchać się w myślowej chmurze
Pozostać sobą jak najdłużej.

Trudno przewidzieć i się doigrał
I w totolotka fortunę wygrał
Ale nieszczęściem celu nie dopiął
Fortunę przejął jego sobowtór.

Duża wygrana znak zapytania

Sobowtór zniknął bez pożegnania
Dziwnie się czuje ciepło i zimno
Mógł podarować choć jeden milion.

Ktoś skończył szkołę wyższej przyjaźni
Poczuł się lepiej raźniej odważniej
Ale w robocie był zwykłym gburem
Często przeklinał i psuł kulturę.

Dawać coś z siebie może zaboleć
A jak do siebie bywa odwrotnie
Kto przez to przeszedł ten to zrozumie
To w pierwszą stronę jest bezpowrotnie.

Dawniej i dzisiaj

Trudno uwierzyć że judasze zawisną
I nigdy w przebiegłości nie zabłysną
Oni żyją i pękają z dumy
Posiadają przeogromne fortuny.

A w czasach kiedy żyją judasze
Wszystko dobro nie jest nasze
Muzyka i walki z podziwem
Napiwki i dziewki cnotliwe.

Judasza jest trudno rozpoznać
Po wyglądzie i działaniu
Zasłania się niepamięcią
W starym i nowym wydaniu.

Judasz tylko w siebie wierzy
Takiemu się wszystko należy
Jak dostanie to nie widzi
I niczego się nie wstydzi.

Tacy ludzie na dole i górze
Udzielają się w kulturze
I w każdej dziedzinie życia
Nic do dodania i do ukrycia.

Życie stwarza niespodzianki
Kolosalne niechciane grymasy
Wziąć poważnie dla własnego spokoju
Wystrzegać się utajnionych judaszy.

Gonitwa

Uwierz w siebie i przyjmij do serduszka
Nie zaprzątaj umysłu przeszłością
Każdą chwilę którą otrzymałeś
Przeżywaj z uśmiechem i radością.

W gonitwie za chlebem powszednim
W myślach między niebem a piekłem
Czy aby zatroskany o dobrobyt
Własnej tożsamości się nie wyrzekłem.

Opatrzności - dodaj mi hartu ducha
Pozwól mi samego siebie wysłuchać
By stało się radośniej i fajniej
Dla rodziny przyjaciół i dla mnie.

W samym czasie

W samym czasie tkwi pojęcie
Coś czym warto się zachwycić
Kto podejmie się zadania
I spróbuje czas policzyć.

Może i tak się wydarzyć
Ugodowo w czasie marzyć
I przeliczyć na jednostki
Na sposób jasny i prosty.

Naukowcy specjaliści
Mądrzy na przeszłe czasy
Pozostały im grymasy
I nie dogonili czasu.

Bywa - czas jest niebezpieczny
Zmienny zaborczy i krótkowieczny
Nie uznaje polecenia
A spełnia się w oka mgnieniu.

Wystarczy w lustereczko spojrzeć
By działanie czasu dojrzeć
I zrozumieć jak ubywa
Czasu - nie da się okiwać.

Kto za moim czasem idzie
Minuta godzina miesiące i rok
I pomyśleć czas policzy
Każdy najdrobniejszy krok.

Nieżywi bohaterzy

Na pomnikach postacie kamienne
Niewzruszone wpatrzone w dali
Bohaterowie dawni nieżywi
W pamięci żyjących pozostali.

Pomyśleć i zagłębić się w historii
Dawnych czasów w wojennym skwarze

Żądnych władzy i kłamliwych racji
Niedorzecznych idei i narracji.

Wraz z nastaniem nowych pokoleń
Tworzą się inne spojrzenia na życie
Wymyślanie konfliktów światowych
Nieustanne trwanie w dobrobycie.

A historia się powtarza
Złe jak zwykle w trawie piszczy
Czas jak zwykle szybko mija
Pomniki przewraca się i niszczy.

W ich miejsce powstają
Nowe twarze dłutem rzeźbione
Wyryte nazwisko takiego pana
Wojennego weterana.

Bohaterowie - nie ostatni i nie pierwsi
Ze złotymi symbolami na piersi
Bywa tak - że na żal się zbiera
Co prawda o bohaterach zawiera.

Dobry kucharz

Dobry kucharz to czarodziej
W kuchni tworzy smaki różne
Pierogi kotlety schabowe
Smaczne zupy kolorowe.

Tylko kucharz zna sekrety
I posiada w dłoniach talent
A pomysłów milion trzysta
Dobry kucharz to artysta.

Kuchnia sercem jest kucharza
W garnkach skryte są sekrety
Tworzy coś na zawołanie
Bo sztuką jest gotowanie.

Nerwy na wodzy

Skąd wywodzi się nerwowość
W osobowości humana
Sama z siebie się nie wzięła
Została adoptowana.

Aby dodać więcej werwy
Dołożono jeszcze nerwy
To coś takie wkurzające
Krzykliwością pałające.

Nerwy - zwitek licznych nitek
Niezbędnych do egzystencji
Udzielających się ofiarno
W życiu istot i za darmo.

Za dnia w nocy o każdej porze
Musimy bardzo się starać
Wydaje się że z konieczności
Można nieźle się podjarać.

A co jest nadzwyczaj ciekawe
Nerwy kształtują postawę
Sprawią że można się wkurzyć
I niechcący wynaturzyć.

Nerwica - choroba społeczna
Jest na czasie niebezpieczna

Przeokropne coś w tym siedzi
Zapytań wiele - brak odpowiedzi.

Za wielką wodą

W życiu można się pogubić
Znacznie trudniej się odnaleźć
Zamienić kijek na fajkę
I stworzyć dla siebie bajkę.

Za wielką wodą nie ma kryzysu
Czas jest stateczny w miarę spokojny
A Europa w ciągłym konflikcie
Straszne problemy i ciąg do wojny.

Pan kiedyś przebierze miarkę
Sprzeda ostatnią fujarkę
Nastąpi niechciana przerwa
Wnet zagra na swoich nerwach.

Trud wymyśla tylko człowiek
Co niezwykle jest toporny
Kilka razy coś popiera
A głupoty się nazbiera.

Więzienia już w szwach pękają
I nie dla wszystkich bezpłatne
A czy trzeba się dwoić i troić
Żeby przedtem tak nabroić.

Dojść - wyjść - czekać - uciekać
Fizycznie to nie da rady
A myślowe działać cuda
Mądrze próbować pewnie się uda.

Urwisy

W szkołach bywają urwisy
Widzi się i często słyszy
Robią różne rzeczy dziwne
I nie zawsze pozytywne.

Mały urwis siedzi w ławce
W jego oczach błyszczy radość
Bardzo czymś rozanielony
Urwisek jak diabeł wcielony.

Nauczyciel kręci nosem
Robi miny upomina
Urwisa to nie obchodzi
To nauczyciela wina.

Zadzwonił dzwonek lekcja się kończy
Urwis się zwija w wielkim pośpiechu
Wybiega z klasy ot tak beztrosko
Został bałagan i sterty śmiechu.

Pomyłka w badaniu

Wiadomość taka na plecy rzuca
Pan prześwietlenie miał dziś na płuca
A po badaniach jak ustalono
W obrębie klatki płuc nie stwierdzono.

Pan był przejęty z trudem oddycha
Nerwowo się kręci i głośno wzdycha
Doktor obejrzał to prześwietlenie
Aż zaniemówił z wielkim zdziwieniem
Pokręcił głową i wygiął szyję
Wykrztusił słowa

Pan już nie żyje.

Doktor się skupił i przestał łzawić
Obiecał pomóc płuceńka wstawić
A na początek ma być zapłata
Płuca zamontują za cztery lata.

Pan rozgoryczył się tą pociechą
Nie było mu teraz do śmiechu
A jeszcze jedna sprawa go zmusza
Musi zaszczepić się na świrusa.

Przed panem była decyzji chwila
Został bez wyjścia czyli - dał dyla
Bocznymi drzwiami uciekał skrycie
I się udało - odzyskał życie.

Wnet się wydało błędna przyczyna
To prześwietlenie jest z manekina
A pańskie płuca są całkiem zdrowe
Doktor ustalił wyniki nowe.

Kto ma przeprosić pana za straty
I poniesione koszta nerwowe
Takiej się sprawy nie zapomina
Sąd wydał wyrok - to pana wina.

Pan się odwołał do trybunału
A to około dziesięć lat trwało
Ktoś mu lekarstwo wsypał w herbatę
Ustalił pana odejścia datę.

O pańskiej sprawie nic już nie słychać
Pacjent nie musi - nawet oddychać.

Synowa - skarb w rodzinie

Wspaniałe kobiety miłe i wesołe
Piękne mądre i ugodowe
To są prawdziwe teściowej słowa
Skarbem bez skazy tu jest synowa.

Dobra synowa wspiera rodzinę
Zawsze troskliwa za mężem tęskni
W sercu się tworzą miłość i szacunek
A jej obecność buduje dumę.

Piękna królewna z uśmiechem na buzi
Mądra i z sercem usłanym w dobroci
Jej uścisk dla nas spokojnym gestem
W naszych serduszkach jest warta krocie.

Synowa jest ptakiem w gnieździe rodzinnym
Splotła miłość w obu sercach razem
Jej dobroć jak promienie w słońcu panoramy
Synu bądź dumny twoja żona
                To skarb przez Boga dany.

Słowa poparte czynami jak wiersz w pełnym rytmie
Synowe wnoszą w ognisko domowe szacunek i ciepło
Niech się marzenia wplatają w melodie
Dziękujcie za wspaniałe żony kochani synowie.

Strofy historii

Prawdziwie z każdym westchnieniem
Stajemy się mądrzejsi choć starsi
Teraźniejszością i przedawnieniem
O nowe doświadczenia bogatsi.

Wolnej woli bastiony się buduje
Z drugiej strony często rujnuje
O dobro ludzkości nie dbając
Aby czymś nowym się zająć.

Liczne grupy kaznodziejów
Nadal trwają w zakłamaniu
Wymyślają straszne rzeczy
W najgorszym światowym wydaniu.

Zauważmy że światowi gracze
Odeszli w zaświaty w glorii chwały
Na niechlubnych stronach historii
Grymasy na obliczach pozostały.

Historia teraźniejszości niewiadoma
Nastroje zmienne i czasy niepewne
Pozorne dążenie do pokoju
Z innej strony nawoływanie do rozboju.

A historia jest parawanem potęgi
Stronicami drobnym drukiem księgi
Od początków na szarym papirusie
Chcę czy nie chcę uwierzyć nie muszę.

Historia przeszłości

Historio wciąż żywa i głośna
W zdarzeniach często nieznośna
Nadzwyczajne tytuły tworzysz
W imię czegoś - niejasności mnożysz.

Historio smutna często chwiejna
W wojennych działaniach beznadziejna

Nie ukrywana w ogromnym trudzie
A historię tworzymy my ludzie.

Pokoleń przeszłych szwadrony
Przeszły długi pomost zwodzony
Z uporem walczyły o nicość
Rozumianą jako rzeczywistość.

Historio stworzona przez podziały
Fakty same za siebie mówią
Często bardzo są przekręcane
W samym sobie się często gubią.

Historia nigdy nas nie opuści
Pozostanie na zawsze z nami
To my ludzie od początku świata
W ujemnym świetle się stawiamy.

Pan Bóg jest wszędzie

Pan Bóg jest wszędzie na ziemi w kosmosie
W czasie i stworzeń żywym losie
W każdej sekundzie dnia powstania bycia
W prawdzie cnocie wszelkich fazach życia.

Pan Bóg jest obecny w nocy i wstającym świcie
W duchowej mocy kierującej życiem
Ubóstwie i dostatku winnym i niewinnym
W duchu niepewności i życiu rodzinnym.

W Bogu pokładam nadzieją aby prawdę mnożyć
Czasowo staram się nie błądzić i serce otworzyć
Mieć szacunek do bliźnich i służyć w potrzebie
Danego mi daru życia w szczęśliwości dożyć.

Nowy świat wolności

Sukcesem wolności się stanie
Gdy obudzę się w innej rzeczywistości
W krainie bez fałszu i mamony
Prawdziwie z materializmu wyzwolonej.

Nowy świat jakiś inny hojny
Bez grzechu głodu i wojny
Szałów pychy goryczy i nędzy
Bez dążenia do bogactwa i pieniędzy.

Teraźniejszość nie zawsze jest prawdziwa
Nienawistne coś czasowe w niej koczuje
Zakłócane prawdziwe dążenia do pokoju
Oparte na fali zakłamania i rozboju.

Skąd brać siły i naprawiać zaległości
Tworzyć formy prawdziwej wolności
I przekazać następnym pokoleniom
Coś oparte na prawdziwym wyzwoleniu.

Mam nadzieję że doczekam w przyszłości
Prawdy życia mojej duszy w szczęśliwości
W zaciszu ciepła Boskiego daru
Wieczności nieskończonego wymiaru.

Święto Kobiet 8 Marzec 2023 r.

Pogodynka oznajmiła
Wiosenka się pospieszyła
Wesołością świat obarcza
Dzisiaj mamy uroczystość
              Święto Kobiet 8 Marca.

Święto Kobiet w uroczystym wydaniu
Składamy życzenia Naszym Paniom
Płci żeńskiej na calutkim świecie
Babciom Mężatkom Panienkom i Dzidziom
Wszyscy to czują i widzą.

Szczęścia Zdrowia i Pomyślności
Uśmiechów na buziakach krasnych
Życzymy uroczyście
Zespołowo i osobiście.

Spotkania z prawdą

Prawdziwie zgodnie z sumieniem
W bycie ludzkim i przeznaczeniem
Prawda wciela się nieustannie
Zespołowo wyrazisto wydajnie.

Co jest ukrytej prawdy wymogiem
To co przed nami ukaże się wkrótce
I to zostało już postanowione
W planach się spełni to niewiadome.

My ludzie powołani do życia
Dodatkowo obdarzeni ducha mocą
Przechodzimy losowe etapy
Z nadaną nam Boską pomocą.

Kto nam wytycza życiową drogę
Nikt inny tylko nasz czas
A dobry człowiek jest naśladowcą Boga
Jedynego co czuwa i mieszka w nas.

A my sami z własnymi problemami
Chęcią i dążeniem do poprawy losu

Ścieramy się ze zwykłą codziennością
W świetle dnia a niekiedy chaosu.

Życie z losem się dziwnie przeplata
Groza problemy tryumfy zwiedzenia
Nigdy nie wiemy i od początku
Co oznacza strony świata porządku.

Agresje niewiedzy

Agresje uliczne i na miedzy
Powstają często z niewiedzy
A to niestety się nie opłaci
Można wiele na tym stracić.

Ulica - strach i gonitwa
Młotki kije tępa brzytwa
Protestują przeciw władzy
Głodni bosi prawie nadzy.

Co się dzieje - nie wiadomo
Nagle przyjechało komo
Polityk na białej klaczy
Jak to można wytłumaczyć.

Tak zaczyna się perswazja
Wódz sepleni dyrdymały
O naprawie pobożności
Szacunku sprawiedliwości.

Jeszcze większy zamęt powstał
Dowodzący dostał chrypy
Wiadomo że ktoś normalny
Nie będzie słuchał tej lipy.

Komowcy wtargnęli do środka
Uruchomili sikawki
Zaczęli strzelać do tłumu
Liczni - dostali drgawki.

Demonstracja zakończona
Zapełniły się szpitale
A co dalej zrobi komo
To każdemu jest wiadomo.

Nie zatrzyma czasu

Natura świata Boskim wytworem
Nasze istnienie to przeznaczenie
Od urodzenia nam towarzyszy
W świetle harmonii pożogi i ciszy.

Czas przydzielony nam jednostkowo
Umyka - szkoda bez naszej zgody
Nic nie pomogą zwykłe zegary
Czas zawsze młody nigdy nie stary.

Ludzkość od dawna z czasem się styka
A on zwyczajnie sobie umyka
Wchodzi w rozumy pracę kulturę
Nawet w fantazję jak ma okazję.

Nijak nie idzie czasu zatrzymać
Ktoś by pomyślał może spróbować
Bez rezultatu czas swoje czyni
Co będzie jutro nie przewidzimy.

Demokracja na co dzień

Co demokracja reprezentuje
To się na co dzień widzi i czuje
Troskę i walkę o dobrobyty
Kłótnie i spory i ciągłe zgrzyty.

Błędem być może - nie myśleć a słuchać
A może lepiej uwierzyć w siebie
Aby zrozumieć o co w tym chodzi
Kto się utopił - kto został w łodzi.

Ale się można często przekonać
I złych zakupów w czasie dokonać
Zamiast jajeczka nabyć patelnię
O coś nie swoje - ktoś walczy dzielnie.

Biega w dwie strony jak mu wytyczą
A oni nigdy z nim się nie liczą
I postanowią - jak coś im nie gra
To pokornego zamkną do pierdla.

Lecz to nie koniec temat otwarty
A to od dawien jest przykra sprawa
Na stole leżą rozdane karty
Brakuje tylko asa z rękawa.

A co naprawdę wynika z tego
Jest demokracja nie dla każdego
A puste słowa brzmią oficjalne
O tym co nigdy niewykonalne.

Teoria i nie tylko

Na przestrzeni wielu wieków
Mnożą się chęci w człowieku
Aby utworzyć nowy twór
Na własny człowieczy wzór.

Nauka zdobywcze rozkwity
W atmosferze satelity
Odkrycia i paradoksy
Nadejdzie czas lepszy czy gorszy.

Uzależnieni od sił kosmosu
Od czasu powietrza i wody
Istniejemy tylko czasowo
Wcieleni na łonie przyrody.

Teorie nie zawsze są górą
Co niektóre kojarzą się z chmurą
Domysły i gołosłowne traktaty
Bezpodstawne kolorowe plakaty.

Teoretycznie nie sprawdzona opcja
Praktycznie to koślawa adopcja
Stworzenie coś na wzór człowieka
Nic dobrego ludzkości nie czeka.

Teoretycznie ludzkości nieskalana
A po prawdzie nieprawością zszargana
Przez jednostki złem obarczone
Świat zmierza w samounicestwienia stronę.

Nie przewidzi jutra

Normalności jutra i niewiadomych
Nie można przewidzieć wywróżyć
Miłość prawda i chwila żadna
W istnieniu się nie powtórzy.

Nie przewidzi jutra poranka
Nocy biegu nie można odtworzyć
Nie wiadomo czy mnie samemu
Uda się do świtu dożyć.

Każdy dzień się kończy nocą
Ludzie różnią się w gatunku
We własne zajrzeć sumienia
W piekle nie szukać ratunku.

Dobro samo nie przybędzie
Na dobro trzeba pracować
Samym sobie nie przeszkadzać
I głowy w piasek nie chować.

A potrzeby są niemałe
Ludzi na ziemi przybywa
Żyzna gleba pachnie chlebem
A atom wisi nad niebem.

Pretensje o coś czego nie było
Powinno się rościć do siebie
Szukajmy zgody w każdej chwili
Mimo że różnimy się od siebie.

Opamiętanie

Opamiętajcie się wszystkie narody
Bądźcie dobrzy dla siebie czujni
Gdy dalej będziemy na huśtawce
Wylądujemy na spalonej trawce.

Z sytuacji teraźniejszej wynika
Podzielimy los Titanica
Na tratwach rzeczywistych
Uratujemy się - ale nie wszyscy.

Wymyślone nowe w grze skecze
Przypomina walkę na pięści
A igrzyska tego rodzaju
Już na miecze z różnicą że częściej.

Sprawiedliwość obecnie jest fikcją
Obietnice bez pokrycia i frazesy
Rewelacje i przypuszczenia
Coś co nie ma żadnego znaczenia.

Czas na opamiętanie się kończy
Może graniczyć z dramatem
Wizja ostatniej wojny światowej
Bezmyślności końca światem.

Bezlitośnie sami siebie ogrywamy
Stwarzając zagrożenia ciągle nowe
Produkując coraz bardziej nowoczesne
Niebezpieczne głowice jądrowe.

Dzień dobry i do zobaczenia

Wymarzyliśmy dawno miłości
Dobrobyt i szczęście bez miary
A co z tego pozostało
Czas zadumy i zamiary.

Idziemy tą samą drogą
Myślami rozmawiamy ze sobą
Rankiem jesienią na wiosnę
Spotkania są niewidoczne.

Przeszłości po ludzku mądrzejsza
Biurokracja znacznie mniejsza
Jeden kałamarz na cztery biura
Spokój cisza i kultura.

A obecnie stos papierów
I to ma być ekologia
Z której nie popatrzeć strony
Urzędasów są miliony.

Wymyślić coś bywa łatwo
A to zdarza się na co dzień
Ale to co jest nieludzkie
Nie ukryje się przed Bogiem.

Raz za dużo znów za mało
Warto by znów coś powiedzieć
Ale w końcu się wydało
Że lepiej było nie wiedzieć.

Czas czyni swoje klimat się zmienia
Dzień dobry i do zobaczenia

A to o czym często myślimy
Nie ma większego znaczenia.

Zabronić

Zabronić sobie samemu
Nie próbować nie mieć kaca
Biec w powietrzu bezsensownie
A w myślach banały przewracać.

Nie oczekiwać reszty z niczego
Łakomie nie kusić się zapachem
I ani jednej godziny
Nie drażnić się bez przyczyny.

A przyczyna znajdzie się zawsze
W lewą stroną być może w prawo
Bywa tak że trzeba łzy uronić
Żeby inni nam bili brawo.

A liczni już protestują
Bo brawa drogo kosztują
A nie klaszczą tylko tacy
Bo ręce ich bolą od pracy.

Starać się czasu nie trwonić
Myślami próżności nie gonić
Własnego sumienia wysłuchać
Opiece Boskiej zaufać.

Problemowe racje

Problem zrobił się niemały
Wszystkie racje się spotkały

Z prawej lewej środka strony
Pokój został zakłócony.

Czy dobrze się dzieje - nie sądzę
W grę wchodzą niemałe fortuny
Rozgrywka trwa ostra na czasie
Grzmią i błyskają pioruny.

Na szczytach narady się toczą
Za dnia i późną nocą
O pokoju - pod publikę
Odwrotnie na strach i panikę.

Werdykt w sprawie jest gotowy
Późno w nocy po kolacji
Właśnie w tak ważnym momencie
Sodoma wróciła z wakacji.

Sodoma z gomorą to jedno
Wspólne cele o portfele
I wzajemnie sobie służą
Zwykle to się kończy burzą.

Sodoma się rozsierdziła
Poznając wszystkie tajniki
Zagroziła atomikiem
Poczekamy na wyniki.

Po połowie

Sprawa nie byle jaka
A dotyczy to dziwaka
Tutaj chodzi o mnie samego

A dlatego -

Że połowa się dzieli na dwie części
Nie wszystkim się jednakowo szczęści
A ktoś się o nie swoje upomina
A zegar polega na godzinach.

Że na własnych nogach stoję
Samego siebie się nie boję
Myślę również po swojemu
Ze sobą nie mam problemów.

A co jeszcze może kusić
Warto się do tego zmusić
Za darmo pieniążki dostawać
I na byle co wydawać.

Czas jest moim przyjacielem
O życiu wiem bardzo wiele
By lepiej się mogło powodzić
Będę musiał się odmłodzić.

A scenariusz mamy wstępny
Dzień nie musi być posępny

Odwrotnie to ugodowy
Na dodatek kolorowy.

Kobietka

Pozytywnie to kobietka
Mądra ostra jak żyletka
Negatywnie zabrzmi baba
Nieznośna chytra smutnawa.

Ktoś o raju się wyraził
I dowody własne zebrał
To Ewa została stworzona przez Boga
A Adam wzięty z jej żebra.

Ale skąd się wzięła jabłoń
Gdzie podziały się dowody
Zapisane gdzieś w eterze
Z pewnością w ukrytej kamerze.

Ponoć daleka jest droga do raju
Ale grzechy nie pozwalają
Tylko o to nikt nie pyta
Przeciętnego emeryta.

Raj był miejscem dużo wartym
Pan Adam stworzeniem upartym
Gdyby jabłka nie próbował
To by nigdy nie żałował.

Ewa też przegięła w sprawie
Wszystko w raju darmo było
Wina ciastka torty lody
W jednej chwili się skończyło.

Apokalipsa

Od świtu do nocy praca
Ktoś wrócił z nocnej zmiany
Zasnął we śnie zakłopotany
Grzeczny - przyłóż go do rany.

Pobudka - zakupy i ciałem telepie
Podrożony chlebek w sklepie
Ceny paliw mocno w górę
Wytwarzają złości chmurę.

W internecie propaganda
Krach na rynkach śpiewka stara
Przypadkowo ktoś bogaty
Stracił jednego dolara.

I zaczęły się protesty
Ktoś z dolara żąda reszty
Problem w tym jak się wzbogacić
Odzyskać nie swoje nie stracić.

Decyzje zapadły na górze
Raptem się odkryła karta
I aby to coś nakręcić
Wezwano na pomoc czarta.

Wiadomo jest że na świecie
Cało zło umieszczone w rakiecie
Ot beztrosko błogo drzemie
Zostało zrzucone na ziemię.

Zatrzęsło się niebo i góry
Runęły drapacze pod chmury

A czas się dymem zachłysnął
Czar o pokoju rozpłynął.

Już nikt się nie garnie do walki
Wołanie o pomoc ucicha
Dym snuje się czarny jak smoła
To straszne czym mamy oddychać.

Cień ludzki nie musi się śpieszyć
I nie ma go komu pocieszyć
Do siebie się już nie uśmiecha
Pomyśleć - takiego mieć pecha.

Szczęściarze

Można się znaleźć w krainie marzeń
Czyli zwyczajnie zostać szczęściarzem
Stać się mądrzejszym bogatszym pewnie
Nawet spodobać młodej królewnie.

Bywa warunkiem do szczęścia tego
Trzeba sponsora mieć bogatego
W innym przypadku zdarza się częściej
Można się zetknąć ale z nieszczęściem.

Pan ryzykuje idzie na sesję
Po drodze wciąga go ktoś w procesję
Która należy do Babrzykanu
Ktoś powie z misją zaplanowaną.

A tam na górze inne standardy
Przez całą dobę bar jest otwarty
Nikt nic nie musi - chce zmienia zdania
Podaje rękę do całowania.

Jest powodzenie - sami widzicie
Inni są ludzie tacy w habicie
Tacy udają że lubią pracę
Tęsknią i pragną i cenią tacę.

Do głębi

Do głębi można się wzruszyć
Coś takiego aż dziw bierze
Newsy jakże nietypowe
Przywiózł słonik na rowerze.

Ponoć echo jest w sprzedaży
Nowy podatek od marzeń
Od zapału oraz czkawki
I używania huśtawki.

Piszą - w piekle wybuchł pożar
Zeus z Ozyrysem się pożarł
Pies uciekł przed jadłospisem
Koń wygadał się przed tygrysem.

Udziałowcy się zmówili
Nagród więcej rozmnożyli
Aż się pod ziemię zapadły banki
Drzwi wywiało - puste klamki.

Na czasie rozpustne skecze
Woda uschła w mokrej rzece
Jak nieżywego pokropić
Jeszcze trudniej się utopić.

Nagle z chmur sfrunęły pawie
Oznajmiły dość ciekawie

To co działo się powyżej
Było we śnie i po sprawie.

Seans

Z której tak popatrzeć strony
Teatr ludźmi zapełniony
Program został zatwierdzony
Ktoś się czuje zawiedziony.

Wtem kurtyna się otwiera
Cała publiczności zamiera
Gdy nagle kotary odkryto
Na scenę spadło koryto.

Na sali zrobiło się gwarno
W korycie jest wszystko za darmo
Wiszą flaki wątróbki pachnące
Udka tłuszczem spływające.

Sygnał - dźwięki poszły w eter
Pojawił się helikopter
W długim surducie przy lasce
Wbiega gość z rogami w masce.

Wielka radość werble biją
Nagle cicho się zrobiło
Boss wyraził się dosłownie
Za darmo to tylko po ryju.

Nadmienił - że musi tak być
O koryto musowo się bić
A niebo się samo uchyli
Jak ginie najwięcej debili.

Szef kijem pokazał na mapy
Sam udał na drinka do knajpy
A widzowie - jak widzicie
Walczą o padlinę w korycie.

Sam sobie prawdziwie

Prawdziwie ze sobą samemu
Nie powinno być problemów
A jak ktoś dla siebie mendą
To problemy są były i będą.

Problemy zawisną w chmurze
W gospodarce i kulturze
A zawsze i coś się znajdzie
Dopóki słońce nie zajdzie.

Własny majątek sobie przekazał
W Instytucie notarialnie
Samochody szpadle widły
Na dodatek własne myśli.

Nie pomyślał na ostatek
Że musi zapłacić podatek
Od tego samego co posiadł
I fiskus go nagle dopadł.

A fiskus był urojony
I niemało zaskoczony
I stąd te kolejne przegięcia
Fiskus szkoda - że ze zdjęcia.

Jest dumny i tego nie kryje
Fundacja mu koszty pokryje
Cieszy się - i wali w szyję

Dodatkowo bije się w piersi
Okazał się tym najlepszym.

Tak czy inaczej

Inność czynność i powinność
Prawie dobrze a inaczej
Strach sam siebie się wystraszył
I niestety stracił pracę.

Łatwiej jest popsuć niż naprawić
Przypadkowo strzelić gafę
Trudniej wspinać się na górę
Znacznie łatwiej na kanapę.

Każda chwila jest działaniem
Nie przewidzi co się stanie
Zdarza się często przelęknąć
A gorzej ze śmiechu pęknąć.

Pokonać siebie samego wypadło
I pomyśleć że za darmo
Przypadkiem ktoś się dowiedział
Że za siebie będzie siedział.

Wszystkiego się można spodziewać
Że coś się popsuje nie wyjdzie
Ale samo się nie naprawi
Coś po sobie pozostawi.

Przyszłość jest świętą nadzieją
Nieskończoną epopeją
A jutro samo w sobie ukaże
Pozytywnie w trakcie zdarzeń.

Mądry paw

Szanowany mądry paw
Zaczął swoich praw dochodzić
Że wprzódy ma być bogaty
Żeby później się urodzić.

A do tego zgodnie z prawem
Nie powinien urodzić się pawiem
Po własnej myśli lampartem
Na pół serio na pół żartem.

Skoro już się wypełniło
Urodzenie zatwierdziło
Nie ma czasu do gdybania
Dochodzenie się zakończyło.

Co ma do zyskania pawian
A być może do stracenia
Używać własnego rozumu
Allo czekać przedawnienia.

Póki co paw się nie martwi
Puszy się i nieźle bawi
A co dalej nie wiadomo
Kiedy wyrok się pojawi.

Co kryje się pod tą zagadką
Sąd wydał wyrok z przypadku
Paw powinien urodzić się jeleniem
Jest niemałym zaskoczeniem.

Żale

Żal nie rodzi się z przypadku
Po ojcu matce babci czy dziadku
Podarowany został w nagrodę
A co jest prostym dowodem.

Żałować powinno się co łaska
Tak żeby losu nie kusić
Nie czynić tego z zapałem
Przypadkiem się można udusić.

Żałować - że coś się nie udało
A trwożyć się że nic nie posiadam
Do własnych nóg twarzą padam
Sam sobie pokutę zadam.

Żałowanie niszczy nerwy
Żałuj - ale rób w tym przerwy
Nigdy w nocy czy nad ranem
Bo skończysz żalowym fanem.

Jak żałować to dobitnie
Skrzętnie sprytnie bez przymusu
Chcesz mieć więcej informacji
Zgłoś się na plebanię lub do Zusu.

Bez żalu zraniłeś się we śnie
Urodziłeś się przedwcześnie
Że nie żyjesz w dobrobycie
Żal w ofercie jak widzicie.

Żal przejdzie za chwilę mniej więcej
Żałując wznosi się w górę ręce

Broń Boże żałować na kacu
Jak już żałujesz - masz wiedzieć za co.

Początek i koniec pieśni

Początek i koniec pieśni
Pomimo że czas nas zwodzi
Byliśmy jesteśmy i będziemy
Wspaniali piękni i młodzi.

Komuś zdarza się myśleć odwrotnie
Niespodziewanie w krzyżu łomotnie
Zapomniał nut do gitary
Nie znaczy że musi być stary.

Czy w życiu lata się liczą
Przerwy niechciane w rozumie
Ważne to że jestem zdrowy
Cieszę się i docenić to umiem.

Nieważne talary na koncie
Wymyślone wojaczki na froncie
Ordery i brawa gromkie
Dla siebie - jestem potomkiem.

Młodość otrzymana - dar łaski
Docenić musimy pochwalić
Od tego co jest zbędne w życiu
Opatrzność może nas oddalić.

Młodości postrzegana na piątkę
Czasowe nadzieje początkiem
Na zegarze wskazówka się zatrzymała
Lat 68 kukułka zakukała.

Darmowe

Co za darmo nie przeszkodzi
A wiadomo o co chodzi
Nie wiem jak to z góry płacą
Często nie wiadomo za co.

Darmo poszło darmo przyszło
Było fajnie i nie wyszło
Z góry coś się tak zakłada
Wypada czy nie wypada.

Do czegoś takiego się zmusić
I grzechy popełnione wydusić
Sędzia adwokat czy złodziej
Wyrzec się złego na co dzień.

A pomyśleć o ofierze
To skąd się to złe bierze
Ktoś twierdzi że z kosmosu
Diabełki na widełkach niosą.

Zło stwarzamy w samych sobie
I pomyśleć w jakim celu
W zimę szukać grzybów w lasku
Jeszcze na diabelskim pasku.

W ramach kultury - co często bywa
Złotych gór sobie nie obiecywać
Cieszyć się tym co jest obecnie
Aby poczuć się bezpiecznie.

Dokąd - nie wiemy

Pomimo że tak dobrze się znam
Dokąd zmierzam nie wiem sam
Mam imię oraz nazwisko
Czy to aby jest już wszystko.

Co ja mogę - co nie mogę
Sobie samemu podstawić nogę
Nie odzywać się do siebie
I przebywać w siódmym niebie.

Problemy mam też jak wszyscy
W lusterku się dobrze widzę
Cieszę się z własnej wolności
Sam siebie samego nie wstydzę.

Kiedyś tak się zadumałem
I zanim się obejrzałem
Pomyliłem cukier z piołunem
Chociaż gotować nie umiem.

A co mnie najbardziej wkurza
Coś co wiąże się z odpustem
Węgiel teraz jest w muzeum
A ja muszę palić chrustem.

Łatwiej ująć trudniej dodać
Byle tylko się nie podać
Aby godnie życie przeżyć
Trzeba w siebie samego uwierzyć.

Sami sobie

Jesteśmy zależni od siebie samych
W genach mamy zapisane
Od powietrza ognia i wody
Czasu i otaczającej przyrody.

Wyszedł zakaz oglądania
A ma to tak już wyglądać
Od teraz to tylko jest wolno
Za swoim tyłkiem oglądać.

Koń za pługiem niemała przesada
Ciągnie w miejscu i nie pyta
Jeszcze krzywo spogląda na chłopa
Zdziczała ta Europa.

Noe się starał zbudował Arkę
Sto lat to prawie trwało
Bez pozwolenia żadnych inspekcji
Jest przykładem mądrej lekcji.

Na co dzień to widać słychać
Ciągle smrody muszę wdychać
I na dworze we własnej chacie
Bywa że i po wypłacie.

A do tego jeszcze febra
Wada serca znów coś nie gra
Ale z wiarą że po moim zgonie
Usiądę na złotym tronie.

Niebezpieczne pomysły

Dramat rodzi lęk i strach
Bywa że aż pod sam dach
Jak powstaje to nikt nie wie
Na ziemi w człowieku na niebie.

Niebezpieczne miał pomysły
W zimę rzucił się do Wisły
Właśnie wtedy cud się zdarzył
Nie zamarzł tylko się poparzył.

Myślał tylko na stojąco
Nadzwyczajnie w oka mgnienie
Jednego nie mógł zrozumieć
Dlaczego nie fruwają jelenie.

Stary był choć trochę młody
Naśladował pianie koguta
Nie obca mu była pokuta
Umarł w butach.

Słynął z postu i zarostu
Chwalił się siłą i odwagą
Ryby wpadały w zachwyty
Gdy łowił je w rzece nago.

Urodzony przed potopem
Lubił sport i inne harce
A powyższe co ujawnił
Pisał na Noego Arce.

Odmiana na lepsze

Zamienić gorsze na lepsze
Wiadomo że będzie słusznie
Pokusić się na odwrotnie
Stracić niejednokrotnie.

Materializm i duchowość
Połączona w jedną całość
Tworzy coś nadzwyczajnego
Co się naszym życiem stało.

Ciało połączone z duszą
Dyskutują wierzą muszą
Czy coś takie kiedyś spotka
Wyszedłem z własnego środka.

Wyjść i popatrzeć na siebie
I zadać sobie pytanie
Nie wejdziesz do ciała swojego
Co wtenczas się z tobą stanie.

Już ręce i nogi nie bolą
A uśmieszek nietypowy
Nie jesteś już pod kontrolą
Sorry bobasku masz z głowy.

Teraz w zaświaty wyrusza
To co nazywa się dusza
A czuje i myśli jak ciało
Czy tylko tak się wydawało.

Nie zabierze ze sobą

Dla kogoś dla ciebie czy dla mnie
Nie zmieściłem się w programie
Ominął mnie złoty trzos
Taki często bywa los.

Wiadomości z pierwszej ręki
Dobre nawet znakomite
Co można osiągnąć w życiu
Do tej pory trzymane w ukryciu.

Co się nie da ukryć z żalem
A trafiają się wandale
Co czyhają na medale
A nie zasługują wcale.

Ktoś tutaj granice przekracza
Samego siebie odznacza
Nadaje sobie coś lipnie
Wygląda to nawet dowcipnie.

A gawiedzi bije brawa
Bardzo podejrzana sprawa
Ukrywana na zapleczach
Niczym zgaszona świeca.

A medale za zasługi
Bywa że za język długi
Co to niby jest ozdobą
Nikt nie zabierze ze sobą.

Zdziwienia

Zdziwienia są formą przekazu
Od literki do wyrazu
Od zera jedynki i dwóch
Wypłata dosięgła jednego
A pracowało aż dwóch.

Ktoś kiedyś wymyślił koło
Musiał główkować niemało
Pracował nad prostokątem
Ale już koło zostało.

Różne myśli mi przychodzą
Raz o wszystkim raz o niczym
Iść do nieba z własnej chęci
To dopiero niezły wyczyn.

Policzono ziarnka piasku
Na calutkim ziemskim globie
Pomylili się o ziarnko
Proszę wyobrazić sobie.

Zbawienie to coś niezwykłego
A przychodzi w oka mgnienie
Nic nie mierzy i nie waży
To tak rodzi się zdziwienie.

Pewnych spraw nie można zdziałać
Choćby dwoić się i troić
Przykład - lwa postraszyć rózgą
Czy dolać wody do mózgu.

Marzenia czy muszą się spełnić
Chciał być koniem został osłem

W polityce są wyjątki
Bezrozumny - a jest posłem.

Wynalazki - dech zapiera

Co się kryje za wynalazkiem
Takim że aż dech zapiera
Niedowiary coś gorące
Rakiety i coś strzelające.

Dawno temu powstał proch
Była radość tak że och
Następnie granaty i gany
Skutek użycia jest opłakany.

Następnie stworzono atom
Wszystko fajnie dzięki za to
Wykorzystano go przeciwko sobie
I świat jest często w żałobie.

Ciągłe wojny zawierucha
Szatan kusi człowiek słucha
A wiadomo o co chodzi
Nielicznym się dobrze powodzi.

A któż za tym wszystkim stoi
Ktoś - kto Boga się nie boi
Ten kto najbardziej zyska
Uważa to za igrzyska.

Mądry myśli i główkuje
Głupi tylko przyklaskuje
Na efekt nie trzeba czekać
I głupiec musi uciekać.

Historia humana

Sprawdzić własne pochodzenie
Wystarczy zawitać do knajpy
Żeby wkrótce się dowiedzieć
Że człowiek pochodzi od małpy.

A przyjrzeć się temu bliżej
Wziąć ze sobą grosz wypada
I nie liczyć na darmochę
Nie robić z siebie dziada.

To normalne - w knajpie gwarno
Muzyka śpiewy i tańce
Serca coraz głośniej biją
Tam dopiero ludzie żyją.

Jest wspaniale każdy powie
Toasty za wszystkich zdrowie
Nieważne że serce ma słabe
Obejmuje obcą babę.

Kelner wymachuje rózgą
Dwóch się za czupryny szarpie
Zadumany w kącie pastor
Odruchowo muchy łapie.

Stop muzyka tuż przed szóstą
Zrobiło się prawie pusto
Całowanie na całego
I wszystkiego najlepszego.

Najgorsze - to powrót do chaty
Bardzo przykro bez wypłaty

Dowodów powinno wystarczyć
Że człowiek pochodzi od małpy.

Strach

W ciemności głębin strach jest ukryty
W duszy cierpiącej w sercu
Cienie mroku łkają nocą
Strach króluje w duszy mocą.

Wiatr szeleści liście szepczą
Strach cieniem otacza duszę
Serce bije w cichym tonie
Strach przenika w duszy mrokiem.

W oczach pełno trwogi w blasku
Strach maluje w duszy szlaki
Światło gaśnie mrok niezmierny
Strach gra pieśni echem cierni.

Lęki pajęczynę tkają
Strach korzenie plecie w duszy
Głosem w ciszy szeptem wiatru
Strach jak cień co miłość kruszy.

W mroku duszy szepczą cienie
Strach knuje swą grę mroczną
W sercach tajemne struny drgają
Lęk maluje drogę nocną.

Ale w sercu choć trwa konanie
Siły wewnętrzne niosą pokonanie
W środku mroku iskry światła
Strach ustępuje miłości nie zgasła.

Mrzonki

Kupił bogacz wyspę szczęścia
Z racji swojego ożenku
Niestary lat sto dwadzieścia
Z młodszą o sto lat panienką.

Mąż Klemens przyjaciel Mojżesza
Próbuje Klarę rozgrzeszać
Udziela się niczym w Raju
Na prywatnej wyspie w Dubaju.

Coś dziwnego tkwi w romansie
Młody skupiony w balansie
Trochę słyszy widzi mało
Ale by się jeszcze chciało.

Noc poślubna - jarzą świece
Para podniecona wielce
Jakby tego było mało
Serduszko się zatrzymało.

Odszedł Klemens z lat nadania
W pełni siły męstwa czaru
Klara piękna w pasie cienka
Stanu rzeczy jest ofiarą.

Z której by nie patrzeć strony
Klemens został poniżony
Czy to aby jest w porządku
Zawieść się na własnym członku.

Spełnione marzenia

Czy spełni się to o czym marzymy
Co jeszcze nam zdziałać pozostało
Powinno się ciągle polepszać
A nie na odwrót rozp...

Wygląda na to - aż strach się bać
Spróbujmy się bać odwrotnie
Do tygrysa sam na sam
Oko w oko uśmiechać zalotnie.

Marzenie we własnych myślach
Teoretycznie się spełni
Fizycznie jest formą tęsknoty
Powodem tak częste odloty.

Sąsiad wadzi się z sąsiadem
O ziarnko piasku na miedzy
Nagle ziemia się zapada
                    Co wtedy?

Upust żądzy dany w czasie
Postaram się - to może da się
Poczuję się lepiej i zdrowo
Domku nie zabiorę ze sobą.

Idea życia

Wydawać się może co czuję
Że życie się we mnie marnuje
I umyka bez powodu
Od wschodu do słońca zachodu.

Nadążyć za samym sobą
Być może kiedyś się uda
Dwa cienie od jednej osoby
Kolejna nastąpi próba.

A w zasadzie nie zaprzeczę
W ciągłej dorosłości parcia
Do osiągnięcia perpetum mobile
W zupełności nie wystarcza.

O życiu mówi się dużo
I podziwia w nim zalety
A jest i druga strona medalu
Bardziej płochliwa niestety.

Mogę czy tak się wydaje
Obiecywać złote góry
Często i gęsto to robię
A przeważnie tylko sobie.

Idea życia jest faktem dokonanym
Stać się przykładnym geniuszem
Co otrzymałem od życia w darze
Pilnie pielęgnować muszę.

Po prawdzie

Jak powstały pierwsze prawdy
Z nieba powietrza kosmosu
A z czym się musiały borykać
Żeby mogły dojść do głosu.

Prawda jest to każdy wie
Po co się dodaje "nie"

Przez przypadek dostawiono
I nieprawdę wytworzono.

Zakłamania w propagandzie
Tanich newsów i o niczym
W internecie pełne stosy
Wypuszczane pod same niebiosa.

Prawdy trudno się doszukać
Teraz w dobie naszych czasów
Ponoć prawda się ukrywa
Nie znosi najmniejszego hałasu.

A przysłowie mówi stare
Szanuj siebie jak gitarę
Jak nie to z nieznanych przyczyn
Zostaniesz o tak i z niczym.

"Nie" czy "tak" to w końcu jak
Ostrożnie w temacie bez fiaska
Prawda zawsze będzie górą
To jest pewne - żadna łaska.

Zaległości

Wątpliwości nie we wszystko
Pojedyncze zespołowe
Tyle tego się zebrało
A dochodzą ciągle nowe.

Zaległości z astronomii
W poglądach i gastronomii
W uniesieniach i pływaniu
A poniekąd i w gdybaniu.

Jak wyzwolić się z opresji
Nie dać ponieść się agresji
Samemu sobie ustąpić
Nawet w pewne sprawy zwątpić.

Dochodzą pretensje do rządu i sądu
W temacie politycznych waśni
Że słońce się chowa za chmurki
I do Andersena baśni.

A starać się w czymś nie zalegać
Na sobie muszę polegać
Patrzeć realnie na życie
Co sprawdza się znakomicie.

Problemy były i będą
Z niczego nie bierze się nic
Pretensji muszę zaprzestać
Aby życia własnego nie przespać.

Donikąd - matrix

Życie - matrix i zagadka
Nie ma końca i początku
To są tylko krótkie chwile
Pełne niespodziewanych wątków.

Jak udowodnić sobie - że jestem
Słowem mową czynem gestem
Że żyję i się poruszam
I ciągle do czegoś zmuszam.

Skąd biorą się silne wiatry
Dokąd prowadzą myśli

Dlaczego umieramy
A w niebie będziemy szczęśliwi.

Krótko mówiąc ciągle trwam
Nie narzekam że palę chrustem
Że mnie na żyletkę nie stać
Ale nie mogę przestać.

A istnienie jest zagadką
Teatrem na ziemskim padole
A aktorzy i widzowie
Grają przydzielone role.

Pobudowaliśmy teatr
Wybraliśmy reżysera
Ale wiedzy tej nie mamy
O co tak naprawdę gramy.

Nowy Rok nadchodzi

Zima śnieżek gęsto sypie
Mrozek troszkę w uszy szczypie
Celsjusz płynnie się obniża
Nowy Roczek 2023 ku nam zbliża.

Czas umyka na rozstaje
Odfrunęły Mikołaje
Wigilijno - Bożonarodzeniowa Orkiestra
Zbliżamy się do Sylwestra.

A w Sylwestra - gra orkiestra
Aż podłoga się ugina
To nic że mrozek tęgi
Tak być musi to jest zima.

Nowy Rok z muzycznym taktem
Stanie się życiowym faktem
W Nowym Roku będzie ładniej
Milej cieplej i wygodniej.

Świadomość

Zastanawiam się nad swoim istnieniem
Nad każdym ruchem westchnieniem
Czy to jest prawdziwe i pewne
Ma sens i jest niezbędne.

Opatrzności kierunki wyznacza
Kontroluje świadomość przebacza
I umacnia moje doświadczenia
Potwierdza w potrzebie istnienia.

Świadomości wielkiej twierdza
Coś co utwierdza w działaniach
Wydaje prawdziwe owoce
W licznych wiernych powołaniach.

W świadomości wiele grzechów
To nie może być pociechą
Okłamywanie własnego umysłu
Z takim wzorem teraz przyszło.

Problem w tym czy mogę wybierać
Kierując się nabytym doświadczeniem
Pewnych zdarzeń nie możemy zmienić
Pozostaje nam tylko marzenie.

Obrona konieczna

Zdarza się że jest niebezpieczna
Odbierana jako obrona konieczna
Najgorzej przed samym sobą
A myśli nam tutaj pomogą.

Świat niczego się nie lęka
Jest taki zwyczajny sam w sobie
Dokładnie to tego nie wiemy
Być może się kiedyś dowiemy.

O tym jak powstało koło
Zadecydował przypadek
Wynalazcą w tym przypadku
Okazał się zwykły dziadek
Wracając z baru z braku pamięci
Do północy w kółko się kręcił.

Nie dać się

Nie dać się chorobie wciągnąć
Krótko mówiąc - nóg nie wyciągnąć
Odrzucić tłuste wędliny
Nie martwić z byle przyczyny.

Uczta trwała cztery dzionki
Nie skończyło się na tańcu
Ale problem ten pozostał
Goście pili jedną szklanką.

Wolna wola jest potrzebą
Związana z potrzebą istnienia
Życie płynie bardzo szybko
Zawsze jest coś do zrobienia.

Koniec świata wnet nastąpi
Nikt już teraz w to nie wątpi
A trwało to będzie trzy dni
Ściemni się i nie rozwidni.

Unia

Jak to się stało - krócej to ujmę
Lat kilka temu stworzono Unię
Organizację państw Europy
Zniesiono wizy wysokie płoty.

A to się stało pewnej niedzieli
Panowie zbiegli się do Brukseli
Tam uzgodnili pewne projekty
I podpisali - co nie wiedzieli.

To byli świetni włodarze wierni
Ale zdarzali się niepiśmienni
Jakiś Leones Robinson Mydło
A przewodniczył Rossmann Kropidło.

Ustanawiają prawa przez lata
Robią biznesy ale bez bata
A to wychodzi na dość toporne
W mig wywołali kolejną wojnę.

Lata mijają gasną nadzieje
Żadnej poprawy i źle się dzieje
Poszli po pomoc do Ameryki
A w społeczeństwach rwetes i krzyki.

Miliony uchodźców też zaprosili
I nowe konta im założyli

Spanie w hotelach darmowa pizza
Sprawna obrona przeciwlotnicza.

A w urzędówce nieźle się święci
Wszyscy bezgrzeszni modni nadęci
Rankiem - na spowiedź wieczór - komunia
A na plakatach - niech żyje Unia.

A szef unijny - ma wyspę szczęścia
Własne kasyno - do nieba wejścia
I narzeczonych aż osiemnaście
To co się dzieje widać wyraźnie.

Jaka jest przyszłość przed wizją wspólną
Organizacją światową dumną
Wnet się rozsypie a ludzi szkoda
Zostanie tylko kamień i woda.

Dowiemy się - czas mija

Czas niestety mija szybko
Wykonując swoje zadanie
A nasuwa się pytanie
Co się z przeszłym czasem stanie?

Wróci skąd został przesłany
Zmęczony biedny wstrząśnięty
Pofrunie daleko w górę
Przejdzie na emeryturę.

Czas nie pozwoli się bałamucić
Gdzie postanowi to musi wrócić
A do działania zawsze gotowy
Zadowolony prężny i zdrowy.

Ktoś twierdzi że czas nie istnieje
To są tylko urojenia
Powiedzmy sobie dzień dobry
A za moment do zobaczenia.

Czas w tym przypadku jest w środku
Coś w tym nieznanego się dzieje
Wygląda że myśli się kończą
A czas dalej istnieje.

O czasie wiemy niewiele.
Kto jest jego spadkobiercą
Mimo że czas jest niewidoczny
Pozostaje w naszym sercu.

Wszechświat - rzeczywistość - niewiadoma

Wszechświat - wielka niewiadoma
Nieograniczony czasowo
Do tej pory niezbadany
Dla człowieka jednostkowo.

Ciągła walka o przetrwanie
Ze wstającym rannym świtem
W pogoni za lepszym życiem
Z reguły za dobrobytem.

Rzeczywistość - czy utopia
Moja osoba - człowieka kopia
Ktoś twierdzi że jest oryginałem
Że też o tym nie pomyślałem.

Czas w przestrzeni jest geniuszem
Niepoliczalny niezastąpiony w kosmosie

Decyduje nieprzerwanie
O każdej ziemskiej istoty losie.

Wszechświat z baśni jest wyśniony
Bez początku końca i strony
Linii prostych i zakrętów
Tworzy całość niepojętą.

A scenariusze na przyszłość
Tworzony jest przez moją duszę
Co jutro może nastąpić
Nie dowiem się - nie muszę.

Błaganie

Błagał siebie - człeku zrozum
Tak łatwo się nie poddawaj
Nie miej do siebie pretensji
A rozumu nie sprzedawaj.

Sprzedał rozum wziął gotówkę
Nieciekawie się skończyło
Wpłacił zarobione grosze
Do banku którego nie było.

A wiadomo że w biznesie
Wiedza zawsze się przydaje
Ktoś jest mądry według siebie
Czy może tak się wydaje.

A co dalej w tym temacie
Bez rozumu nie poradzi
Pozostało tylko narzekać
Na siebie samego się wściekać.

I zaczęło się od nowa
Bez rozumu protestować
Biegać po ulicy z kijem
Przy okazji dawać w szyję.

Efekty bywają nieznośne
Tych nierozumnych transakcji
A kończy się na zadumie
Co głupiemu po rozumie.

Spotkanie ze sobą

Przez przypadek uwierzyłem
I w końcu się zapędziłem
Sam z siebie wziąłem przykład
Cześć Pysek - jestem Stanisław.

Pysek zerknął na mnie z boku
Cofnął w tył o kilka kroków
Zawrócił się i opamiętał
Skądś mnie dobrze zapamiętał.

Cuda dzieją się w naturze
Rzekł Pysek - że się odważę
Jesteś na emeryturze
I od kilku lat pisarzem.

Udzielasz się jak zdrówko pozwoli
Nie narzekasz że coś boli
A na rowerku widzę ciebie rano
Z buzią zawsze roześmianą.

Lat temu osiem z chorobą się starłeś
O mały włos nie umarłeś

Na koncie masz niezłe dzieła
Kariera się rozpoczęła.

Wtedy ja Stasio się odezwałem
Dziękuję Bogu - że ciebie Pysek spotkałem
Napiszę teraz wiersz o nas obu
Będziemy sobie wierni do grobu.

Sami sobie

Wygląda to na ciszę przed burzą
Sami sobie dobrze wróżą
Na dodatek dodać muszę
Strach o ciało - czy o duszę.

Wróżą często i pochopnie
Nie sprawdza się i jest odwrotnie
Potocznie mówiąc do tyłu
Jeszcze gorzej jest niż było.

Kto rozdaje zwykłe karty
I udziela się w zabawie
Z reguły zawsze wygrywa
Z ukrytym asem w rękawie.

Polityka w naszych czasach
Mocno daje się we znaki
A dzieje się to najgorsze
Wiadomo chodzi o forsę.

Okrzyknięty bohaterem
W trwałym związku z polityką
Coś dziwnego wyszło z tego
Mózg okazał się nie jego.

Czas też został podmieniony
Z młodego stary się zrobił
Niejeden z miernym rozumem
Na mądrej głupocie zarobił.

Bąk i bąk

Bąk i bąk - a są różnice
Bąk prawdziwy ten lecący
Może dobrym być owadem
A ten drugi nie pachnący.

Ten pierwszy to owad z grubsza
Skrzydełkami żwawo rusza
I unosi się beztrosko
Gdzie oczęta go poniosą.

A teraz o drugim bąku
W nietypowej sytuacji
Odnosi się do spotkania
Rządowej administracji.

Suto zastawione stoły
Pan prezydent puścił bąka
Wyprostował się aż pobladł
Robi miny i się jąka.

Na sali zrobiło się cicho
Zapachniało na gorąco
Część opuściła obrady
Tak zwyczajnie dla zasady.

Skończył - dostał wielkie brawa
W górze widać wiele rąk

Nikomu to nie przeszkadza
Ważne - prezydencki bąk.

Newsy

Newsy złe i newsy dobre
Zależnie od sytuacji
Niezależnie od pory roku
Z urokami bez uroków.

Najgorsze są newsy wylewne
Gorsze niż się wydawało
Najemnikowi na obcym froncie
W bojowej akcji coś tam urwało.

Ktoś najemnika zachęcił
W nagrodę poświęcił kropidłem
Do tego obiecał zbawienie
Wszelkich grzechów odpuszczenie.

Podnieceni co niektórzy
Że zarobią na tym krocie
Zagłodzeni zagubieni
Kończą bohatersko w błocie.

Oj - niedoszły bohaterze
Straszne krzywdy masz na koncie
Jaką minę ma małżonka
Powrót do domu - bez członka.

Gorzej jeszcze ale dumnie
Pan wojownik wraca w trumnie
Nawojował się niemało
Nie musiało a się stało.

Lustro i ja

Nie narzekam nie płaczę nie mdleje
Ale coś się dziwnego dzieje
Znalazłem się w sytuacji
Że się zwyczajnie starzeję.

W lustro wczoraj się spojrzałem
Prawie siebie nie poznałem
Jakiś typ o łysej głowie
Głupio uśmiechał się do mnie
Nie dość że i kaszleć zaczął
To jeszcze żyletką się zaciął.

Zrozumiałem - to się wie
Pewnie to lustro jest złe
To zupełnie mi wystarcza
Ktoś mnie wrabia w tego starca.

Po co mam zaprzątać głowę
Więc kupiłem lustro nowe
Pozłacane w pięknych ramach
I wtedy nastąpił dramat.

Rankiem patrzę tak wstrząśnięty
Żadnej zmiany Boże Święty
Ten sam łysek na mnie patrzy
Z różnicą że o dzień starszy.

Jakby tego było mało
Lustro się rozchichotało
Nieswojo się czuje dlatego
Jakże trudno jest udawać młodego.

Coś i nic

Jak zrozumieć chociażby to
Że - nic - to już jest coś
Pewnie to tak musi być
Przed tym - coś - nie było - nic.

Kij ma dwa początki i dwa końce
Z której strony sobie woli
Uderzyć początkiem czy końcem
Czy jednakowo zaboli.

Wierzył - w - co - tego nie wiedział
Czy to ma jakieś znaczenie
Ale nigdy się nie domyślił
Co to jest to - w coś wierzenie.

Starać się naprawdę wierzyć
I duchowo sprawy pojąć
Bywa tak że zamiast dodać
Zdarza się odwrotnie odjąć.

Z czym porównać politykę
Obrady uczty toasty
To jakby z rajskiego ogrodu
Wyrwać z gleby wszystkie chwasty.

Trudno jednak wytłumaczyć
Dla siebie samego coś znaczyć
I udzielać się politycznie
Do tego być słabym psychicznie.

Wymysł - dawno temu

Dawno temu w wielkim trudzie
Czarta wymyślili ludzie
Diabełka w dziwnej postaci
Z różkami ogonkiem bez gaci.

A co dalej - jak się rzekło
Kolejny pomysł na piekło
A żeby ten pomysł rozpalić
Ogień żeby w piecu palić.

I powstała sroga dzielna
Instytucja piekielna bezczelna
Ale ktoś musi główkować
Kto ma piekło sponsorować.

Wtedy wymyślono strach
Straszne maski i tortury
Przy tym dym okropne jęki
Zniewolenia i udręki.

Ulepszaniem piekła się zajął
Wyrzucony z niebios anioł
On po latach ludzkich wyrzeczeń
Stworzył babrzykańską przestrzeń.

Ktoś musi na piekło łożyć
Wnet znaleźli się sponsorzy
Robotnicy chłopi biedacy
Udzielając grosze z pracy.

Nałożono wnet haracze
Na przeciętnego zjadacza chleba

Nie uiścisz dla nich składki
Nie dostąpisz człeku nieba.

Wiara wiarą - kara karą
Cała prawda w tym zawarta
Wszystko teraz wyszło na jaw
Odkryła się prawdy karta.

Kościoły zrobiły się puste
Wiara odeszła w zaświaty
W piekle widać i czuć rozpustę
Nastały czasy prywaty.

Szkoda niebo wyludnione
Niedoświetlone chłodne
A jest i czego żałować
Kto ma niebo sponsorować.

A na ziemi palą chrustem
Co wiąże się z kolejnym odpustem
A meldunki co godzinę
Do piekła przez złą krainę.

Zmiany na lepsze

Coś się może kiedyś zmieni
Na normalne na tej ziemi
Czas się stanie bardziej hojny
Znikną fałsze groźby wojny.

Dzieje się na oczach naszych
Człowiek wciąż straszy człowieka
Urojenia klimatyczne
I zbrojenia dramatyczne.

Rozsądek się może przydać
Rządzących osób nie widać
Gdzieś z przestworzy mkną rozkazy
Powtarzane wiele razy.

Polityka nie zna granic
Puste słowa i frazesy
Wdrażane programy mafijne
Pod publikę precyzyjne.

Obudźcie się ludzie z letargu
Dość obłudy i przetargów
Trwa gra o wasze życie
Oni kłamią - a wy śpicie.

Od czegoś trzeba zacząć.
Demokracja wzrok straciła
A udaje że coś widzi
Ponoć kiedyś sprawiedliwa
Własnych błędów się nie wstydzi.

A w zakonie to się trafia
Bywa klient się umartwia
Stwarza swoje własne winy
I biczuje z tej przyczyny.

Życie stwarza moc problemów
W tym każdego jakaś rola
Jak się dobrze temu przyjrzeć
Najgorzej jest w roli robola.

Do czegoś się trzeba urodzić
Żeby później zostać mistrzem
Specem od samego czasu
Po mojemu zegarmistrzem.

Szukać prawdy - nie jest błędem
Można o tym i nie wiedzieć
Zależnie od sytuacji
Nie pozwolić blokować własnych racji.

Wróżby

Wszystko co dobre to sobie wróżę
Ugodowo i z osobna
Nie tylko na małe chwile
Lecz na każdy dzień tygodnia.

Zachcianki też często miewam
Czytam tańczę w przerwach ziewam
Chciałbym sobie wymarzyć
Coś fajnego w krainie marzeń.

Chciałbym poznać własną męskość
Pokonać swoją ciężkość
Unieść w powietrze chociaż na chwilkę
Porozmawiać z fruwającym motylkiem.

A z reguły się nie nudzę
Na cudze nie jestem łasy
Lubię czystość i porządek
Nie spożywam mięsa w piątek.

Może wkrótce się rozkręcę
I do czynów się zachęcę
Jak najdłużej i najprędzej
Coraz mądrzej coraz więcej.

O jednym nie pomyślałem
Że do wróżb potrzeba kart

Zrozumiałem że na teraz
Sam z siebie jestem coś wart.

Reset

Dawne czasy socjalizm - historia
Chojna biedna różnorodna
Starali się towarzysze
Zrzutki na ćwiartkę po dysze.

Na zagrychę udko kurze
Wiwat komuna - ręce ku górze.
Było jak było - co tu żałować
Przyszło głowy w piasek chować.

Nastały czasy niby odnowy
Bogatym pomysł do głowy przyszedł
Wyprodukowali złego świrusa
I mamy reset.

A więc do dzieła - stany kowida
Może się uda - i się nie wyda
Nastała groza wiele obciachu
Tysiące ludzi poszło do piachu.

A bezeceństwa wnet się wydały
I społeczeństwa to zrozumiały
Nie uwierzono tej medycynie
I jest nadzieja że to przeminie.

Flaszka w plecaku gieroj przy drzewie
A społeczeństwo o tym wie mało
Na polu leżą pół żywe trupy
Oby się wkrótce wszystko wydało.

Skrucha

Głębokiej ciszy grzechów ciężary
W sercach skruszonych srogie bez miary
Duch się po drodze błąka wylękniony
W postaci własnej jest zagubiony.

Skrucha nadzieją serce ujmuje
W cichej modlitwie gra chwile czułe
Oczy się łzami deszczu zalały
W bólu przeszłości ciężarem całym.

Upadły człowiek za światłem goni
Nadzieja skruchą nastaje ciągiem
Spojrzeniem litość żalowa brama
Na gruzach błędów nastąpi zmiana.

A skrucha zdąża w takt oczyszczania
Pokora sprawia Bóg to docenia
A grzeszna dusza miłości dostąpi
Bóg jej pomoże nie można zwątpić.

Niech nasze serca w głębinie czasu
Z każdym westchnieniem tracą grzeszenia
W myślach skruszonych rodzą nadzieję
Grzeszne przeszłości odpłyną w knieje.

Nikt nie wie

Ciągłe znaki zapytania
Ubolewania dąsy stękania
Jakaś dziwna wojny mania
Strach o życie wciąż przysłania.

A na froncie różnie bywa
Wódz się schował czołg się kiwa
A naboje się skończyły
Znowu nie przywieźli piwa.

Lufę czołgu wiatr przekręcił
Całe pola zadymione
Pełen magazyn naboi
Wystrzelali w swoją stroną.

Nikt tam nie wie o co chodzi
Komendant się prawie przewraca
Zdegradował siebie od zaraz
Niezłego musiał mieć kaca.

Wody święconej zabrakło
Raptem - ktoś kropidło buchnął
Kapelan schował się w krzaki
Zamiast strzelać soldier usnął.

Nikt nie wie co jutro może się stać
Będzie deszcz może pogoda
Jedno tylko mieć na względzie
Nie martwić się bo czasu szkoda.

Minęły czasy - nadeszły nowe

Minęły czasy dawnych kowboi
Nikt o nikogo już się nie boi
W kasynie tylko możny rozrabia
Biedny w fabryce na chleb zarabia.

Tak było - tak jest - a czy tak będzie
Nowi kowboje są na urzędzie
Dużo znanych życiorysów

Przeważnie z plajformy i zwisu.

A jak się sprawują nowi kowboje
Oni wzajemnie sobie grożą
Obwiniają się nierzadko
I na taczkach się wywożą.

A prywatnie po obradach
Wóda żarcie i biesiada
Niejeden za dużo wypije
Zjedzie ze schodów na ryjek.

Kochają dobrobyt i złoto
Są za wiarą i odpustem
Posiadają piękne pałace
A w piecach nie palą chrustem.

A jest prawdą - żaden z kowboi
Własnej głowy nie nadstawi
Do obiecanego nieba
Zapłaci ile potrzeba.

Tak to wygląda

Zasłużonych się namnożyło
Co drugi jest bohaterem
Co trzeci pokutnikiem
Ale pierwszy politykiem.

Jak to można wytłumaczyć
Samego siebie odznaczyć
Nie zasłużyć na nagrodę
Ale odwrotnie na szkodę.

A nagroda tylko za co

Wiedzą nie wiedzą a płacą
Za polityczne zawody
Zwykle polewanie wody.

W ramach dziwnej powinności
Okrzepł w tej polityczności
Raz do tyłu raz do przodu
Obiecał służbę dla narodu.

Wierzą temu choć nie znają
Wiersze o nim układają
Spróbować się prawdy dowiedzieć
Niewinnie można odsiedzieć.

Zamiast się dziwić - to może przedtem
Zastanowić się nad rzeczy defektem
Odrzucić naiwność i lęki
Pomyślałem - zrozumiałem - dzięki.

Udana podmiana

Coś się dzieje - stan się zmienił
Niechybnie ktoś go podmienił
Nagle stał się inną osobą
Zastanawia się czy jest teraz sobą.

Własna brzytwa nie chce golić
W środku coś zaczęło boleć
Zupa w soli się buntuje
Tak jak przedtem nie smakuje.

Jakże ta podmiana dziwna
Żona wydaje się inna
Zupełnie jak obca kobieta
Opryskliwa jakaś nie ta.

Już go teraz nie pożąda
Napomina go - ucz się sprzątać
Ale najpierw masz mnie przeprosić
I od razu marsz do kąta.

Jak odwrócić ten stan rzeczy
Stać się znowu jakim kiedyś był
Może zamiast iść do przodu
Zacząć maszerować w tył.

Udało się - jest teraz sobą w momencie
Gorzej było na zakręcie
Coś znów stracił bezpowrotnie
I zaczął się cieszyć odwrotnie.

Akceptuje ten stan rzeczy
Śmieje się przez własne plecy
Od dzisiaj sam się już nie obwinia
Od nowa życie zaczyna.

Uwaga na

Co może się stać przypadkowo
A wpływu na to - nie ma się
Spożywając twarde chrupki
Na balkonowym tarasie.

Czy można to nazwać wypadkiem
Nie jeden być może dwa błędy
Spożywając zwykłe chrupki
Straciłem dwa przednie zęby.

Dwa zęby a to kosztuje
Ubezpieczenie niewielkie

Nastało zakłopotanie
Radości upadły wszelkie.

Komu teraz posłać wiązkę
Na kogo będzie ta skarga
Będzie trzeba go poniżyć
Najlepiej za uszy wytargać.

Może się zwrócić do prezydenta
Niech natychmiast wyrok wyda
I ukarze jak najsurowiej
Właściciela sklepu Lidla.

Teraz płaczę - patrzę w lustro
Wspominam to wydarzenie
Uchowaj Boże przed smakołykiem
Który posiada w środku kamienie.

Ciche wieczory

Wieczór roztacza skrzydła nad światem
Przez cały roczek jesienią latem
Widać codziennie na każdym kroku
Jak dzień się kończy idzie do zmroku.

Powroty z pracy szkoły spaceru
Zakupy pranie i stos papierów
A na kolację owsiane płatki
Tak wyglądają codzienne przypadki.

Co w tym dziwnego że trzeszczą kości
A na ekranie moc wiadomośći
O gospodarce i o pogodzie
O pożywieniu wojnie i modzie.

A na zegarze prawie dziesiąta
Wypadałoby troszkę posprzątać
I nie ma wyjścia - uderzyć w sen
By jutro witać kolejny dzień.

A dzień kolejny biegnie jak z górki
Nowe problemy w pracy humory
A co najbardziej sprzyja przyjaźni
W oczekiwaniach ciche wieczory.

Nie mam pytań

Czas należy do natury
W jakimś celu jest stworzony
W samym sobie wyróżniony
Powiedzmy że nieskończony.

Czas ucieka bez pytania
I nie na wszystko się zgadza
Czas dyktuje ustala na co dzień
Daty odejść i urodzin.

Czas jest zatem wszystko warty
Cel istnienia w nim zawarty
Życie praca odpoczynek nadzieje
Któż w końcu się starzeje.

Czas jest zatem świetnym mistrzem
Urodzonym zegarmistrzem
Jeszcze przed Noego erą
Gdy wszystko było na zero.

Dużo się na czasie mówi
Zdarza się w czasie zagubić

Znacznie trudniej się odnaleźć
Bywa tak - że nawet wcale.

Czas jest w zgodzie i przyrodzie
W pracy odpoczynku marzeniach i modzie
Więc starać w życiu się nie pogubić
Dogadać się z czasem i polubić.

Wynalazek - rewelacje

Rewelacja - uczony niemłody
Posiada niezbite dowody
Że od teraz - woda w kranach
Nie posiada w sobie wody.

Odkrył w tym niezwykłą rzecz
Że woda to nie jest woda
Według badań
                    To jest ciecz.

Świat znalazł się na progu przepaści
Ludzie krzyczą - słuchaj waści
Na świecie nie będzie wody
Pomyśl człeku - tyle szkody.

W czym się zupa ugotuje
Zrozum gdy ci życie miłe
Jak poczują się prysznice
Kiedy przyjdzie moczyć tyłek.

I zaczęły się zamieszki
Poszły w ruch cegły i deski
Wynalazek prawu przeczy
My nie chcemy takiej cieczy.

Ale rządy się uparły
Wynalazek cieczny poparły
Nocą przy beczkach szampana
Sprawa cieczna zaklepana.

Woda w kranach zakazana
Ryby poszły na urlopy
Wody w wódce nie wyśledzi
Baby klaszczą - trzeźwe chłopy.

Ciecz do zupy się dolewa
Deszcz z chmury spada cieczowy
W cieczy można się utopić
O wypadku nie ma mowy.

I odszkodowania z głowy
Jak się zatem ubezpieczyć
W zimie ślizgasz się na cieczy
Trudno temu jest zaprzeczyć.

Wnet ciecz do obrotu weszła
Wielki sukces na dodatek
Nawet od zwykłego kaca
O sto procent wzrósł podatek.

Bo suszenie po imprezie
To już ponoć ciężka praca
Nie da się utopić w cieczy
Wynalazek jest na rzeczy.

Pan uczony w ósmym niebie
Zadzwonił od razu do siebie
I długo ze sobą rozmawiał
A do nagrody namawiał.

Cieczowo - impreza z osobna
Rząd przyznał nagrodę Nobla
Na końcu uczony zaznaczył
Że ciecz jest do wody podobna.

Przypadki - zagadki

Dlaczego drzewo rośnie do góry
A nie do dołu na boki czy wszerz
Chciał to kiedyś udowodnić
Przypadkiem poznany jeż
Zamiast igły wyszły widły
Na końcu badania zbrzydły.

Archimedes przez całe życie
Polewał wodę i tropił
Ale bywał w tym ostrożny
I nigdy się nie utopił.

Żyrafa ma długą szyję
Bardzo podejrzana sprawa
I właśnie w ramach wolności
Posiada lęk wysokości.

Koń sobie biedy napytał
Gospodarza nie zapytał
Teraz tego żałuje
Że sprzedał własne kopyta
I to takim być idiotą
Teraz kopnąć - czy nie kopnąć?

Coś tutaj wymaga kontroli
Ziemię coś tam w środku boli
A co jest przyczyną choroby
Pewnie kończą się zasoby

Można tutaj krótko rzec
Węgiel złoto oraz miedź.

Dużo ludzi jest za wojną
Ale większość za pokojem
Niektórym rozdano bilety
Być może nie wrócą niestety.

Gorzałka

Gorzałka jest złudnym blaskiem
Skrytością bawi jak mroczny cień
Płomienia lampy kusząca moc
W sercach ukrywa szkodliwy szok.

W dłoniach kieliszek pokusa ustna
Ukryta szkoda falowy szum
Uszkadza myśli i rozum drażni
Wódka jest dobra - dla nie odważnych.

Radość chwilowa cierpienie długie
Wódka jest wrogiem i niszczy radość
Zdrowie nadzieje życia płomienie
Nadużywanie stwarza nieprawość.

Podziały

Ubóstwa i bogactwa
Programy podziałów i matactwa
Szalone pomysły i zwidy
Czy to się słyszy i widzi.

I mamy nowej historii rozdziały
Teatr pusty ludzie w szoku

Trwa to chyba już za długo
Bo prawie dwa i pół roku.

A w teatrze dzwony biją
Pajac z wyciągniętą szyją
W czarnej czapeczce na głowie
Udzielając się rozmownie.

Przodownicy odpłynęli
Nowi weszli na mównicę
W międzyczasie ci przyjezdni
Wyszli śpiewać na ulicę.

Jak udowodnić różnicę
Między krokiem do przodu a krokiem w tył
Demokracje to ozdoby- widoczne na 3 - sposoby
1 - cofnięta. 2- na czasie. 3 - bać się.

Demokracja - sprawa demona
Dlatego bywa szalona
Niestała uważana cudownie
Dla ludu wpisana odmownie.

Czas przyjrzeć się

Uwaga - uwaga - uwaga
Na codzienne poranne i wieczorne
W telewizji Internecie i prasie
Propagandowe sensacje.

Ktoś twierdzi że jest nadzwyczajny
Posiada władzę i pieniądze
Dokładniej się przyjrzeć tej sprawie
Czy to jest budowane na prawie.

Na afiszu nowa lista
Zdjęcie podpis antychrysta
Kogoś ponoć rodem z piekła
Co się go dzielnica wyrzekła.

Niezła fura w lesie zamki
Baseny i złote klamki
A słoma z butów wystaje
Normalny - czy się wydaje.

A co wynika z tego
I z prawdą się nie pokrywa
Robol ciężko pracuje
A pan sobie w kasynie pogrywa.

Czas pewne zapędy powstrzymać
Nie pozwolić się sobą rozgrywać
Mieć prawo we własnym wyborze
Odchodząc od klęczek w pokorze.

Prawdziwa wolność

O wolności krótka prawda
Na czasie to tak oczywiste
Nie pozwolić zniszczyć racji
Aby uniknąć wiktymizacji.

Ktoś twierdzi że to drobnostka
Tu nie liczy się jednostka
Ktoś się w moje sprawy wcina
W tym jest problem i przyczyna.

Wolność napisana na papierze
Praktycznie nigdy się nie sprawdza
Dotyczy to klasy pracującej

Jest dumą elity rządzącej.

Wolności znaczenie nade wszystko
Odpowiedz na moje pytanie
Nie pozwolić by na naszej krzywdzie
Były imperia ich budowane.

Dziwne loty

Lotem lecieć jest najfajniej
Z wiadomym sobie kierunkiem
Nadszedł czas jak chcesz spróbować
Każą ci się przetestować.

Na lotnisku kolejka długa
Lew kurczaczek sęp papuga
Wystraszone są do reszty
Wiadomo że chodzi o testy.

Naokoło szmer i gniew
Straszne miny robi lew
Hienie jest wyraźnie głupio
Małpa robi minę trupią.

A świrus nieźle się stara
Na czerwono w okularach
Rozdaje do niebios bilety
A nie za darmo niestety.

Młoda Babcia koło setki
Przyjęła już trzecią dawkę
Wyprostowana jak świeca
Salutuje - ujrzała Mojżesza.

Wolni i we własnym kraju
Robić się w balona dają
I w gotówce i w naturze
Niewidzialnej świrnej chmurze.

Newsy

Śmiać się płakać może wzruszyć
Newsy posiadają moc straszną
W telewizji i internecie
Od bajeru zrobiło się ciasno.

Wygląda to na ciszę przed burzą
Wszyscy po swojemu wróżą
Nieprawdy w licznych wydaniach
Domniemanych i przekłamanych.

Ktoś na siebie tak się wściekał
Ciągle przed sobą uciekał
Sam ze sobą w karty grywał
Psioczył na siebie przezywał.

W końcu uległ zamyśleniu
I na grzebieniu pogrywa
Zawiódł się na przeznaczeniu
Tak to w polityce bywa.

Polityczne niepokoje
Wojna o władzę i ochłapy
Doprowadza do agresji.
Ktoś przypadkiem znika z mapy.

Jak zaradzić w tym temacie
Pracować i odpoczywać

Nie pozwolić się fizycznie
Myślowo i psychicznie okiwać.

Spotkanie rodzinne 25 luty 2022 r.

Córeczka Joanna przybyła w niedzielę
A Synek Tomaszek w piątek
Radości jest bardzo wiele
A buziaki na początek.

Wieczór w domu rodzinnym w Lawrence
Na stole wytrawne i słodkie wina
Z radia lecą nasze ulubione przeboje
Zniknęły troski i znoje.

Za oknami cień nocy się wije
Iskrzące światłami latarnie
Księżyc też o nas pamięta
Jest miło uroczo i fajnie
Wiwat rodzinne święta.

Prawdziwi i nieprawdziwi

Przyjaciół z którymi się spotykamy
Czy aby dobrze ich znamy
Czy możemy liczyć na nich w potrzebie
A może lepiej liczyć na siebie.

Dużo się mówi i dyskutuje
O uczciwości i demokracji
Całymi dniami i późną nocą
Aż ręce drgają czoła się pocą.

A gdy się wkradnie jakoweś licho
Buźki na skobel i wszyscy cicho

Zamiast pomocy dyskusje sondy
A na szpitale zrzucane bomby.

Będzie co będzie - czas zrobi swoje
Zgodnie z reguły prostej wymiarem
Dobrych przyjaciół mamy za darmo
A nieprzyjaciół tylko za karę.

I pomyśleć

Aż strach pomyśleć jak to się stanie
Gdy nagle słońce świecić przestanie
I zapanują straszne ciemnice
Mrozek pokryje wszech okolice.

Klamki nie widać jak do drzwi pukać
I w bankomacie pieniędzy szukać
Cukier pomylić nasypać soli
Aż strach pomyśleć i głowa boli.

A niewskazane czas bałamucić
Samemu sobie rzucić w objęcia
Pusto w portfelu bieda aż hula
Na małym stołku udawać króla.

Rzeka szeroka potrzebny mostek
Woda głęboka i strach gotowy
Ktoś wpadł na pomysł zbudował kładkę
Ale sięgała tylko do połowy.

A nieopodal to chodzą słuchy
Ktoś chciał utopić się w suchej wodzie
A w internecie o tym aż huczy
Każdy jest mądry ale po szkodzie.

Mimo że słońce bywa gorące
Nie narzekajmy nigdy na słońce
Przez całe życie nam towarzyszy
I w każdym czasie w spokoju i ciszy.

Biznes

W biznesie - ile kto uniesie
Bywa - aż przechodzą ciarki
Niejeden chcąc coś udźwignąć
Przewróci się - nie zdąży gwizdnąć.

Baran własne żywe owce
Wyprowadził na manowce
Sam wyjechał do Afryki
Wraz z nim wełniane szaliki.

Nierzadko jest biznes dramatem
Obojętnie czy zimą czy latem
Chodzi w podartej koszuli
Ale zawsze pod krawatem.

W biznesie udziela się mądry
I ile się zmieści do torby
Na tyle da się udźwignąć
A każdy biznes jest dobry.

W jadłospisie polecana
Golonka aż uszy się trzęsą
Niewidomy tak się wzruszył
Jak w kapuście ujrzał mięso.

Biznes - forma dobrobytu
To coś potrzebuje sprytu

I w myśleniu i działaniach
Odpowiedziach i pytaniach.

W biznesie musowo się sprężać
Trzymać fason być uczciwym
W fabryce urzędzie na polu
Nie przesadzać w alkoholu.

Dobrze się wyspać

Co zrobić i dobrze się wyspać
Z góry twierdzę się opłaci
Sny jak zwykle kolorowe
A z jutrzenką wstać do pracy.

A trzeba posiadać wiedzę
O tym kiedy spać wypada
Obowiązkiem się wypróżnić
Z grzechów własnych wyspowiadać.

Z czystym sercem i przed sobą
Za nerwy i braki wybaczeń
Z własnym sumieniem dogadać
Z reguły bo tak wypada.

Niewskazane jest spać w butach
Dobrze wykonana pokuta
A do tego na kredycie
Nie liczcie że się wyśpicie.

Do snu - lecz po dobranocce
Odpuść salceson i chałki
Nie ważyć się nawet pomarzyć
O jakimś garnuszku gorzałki.

Nerwowo się nie udzielać
Wykąpać w cieplutkiej wodzie
Broń Boże używać maści!
To szkodzi prawdziwej urodzie.

Uchowaj Boże - jakieś zdziwienia
Dobranocka dla rodziny
Na lewym boku spać dwie godziny
Nie zwracać uwagi na miny.

Broń Boże oczy na suficie
Za Boga się nie wyśpicie
Korzystnie jest spać z gołym tyłkiem
Co wiąże się z mniejszym wysiłkiem.

Nie spać z czołem podniesionym
I hymnem bojowym na wargach
Sen staje się nieuprzejmy
A serce nerwami targa.

Niewskazane jest spać na łożu
W chełmie na łysej głowie
Z workiem pełnym obroku
I szpadą ostrą przy boku.

Po spełnieniu tych warunków
W dzień humory masz jak w banku
Silny zdrowy i wyspany
W szczęściu zdrowiu pomyślności
Sam przez siebie podziwiany.

Wydaje się

Imprezy wesela są zakazane
Spotkania uliczne protesty

Opamiętajcie się ludzie
Bo zgłupiejecie do reszty.

Tępota osiąga wyżyny
Z tak prostej pomyślmy przyczyny
Szczerzy zęby niszczy nerki
Stąd problemy i rozterki.

Ktoś ma uraz do dawania
Taki woli raczej brać
A wynika to dlatego
Jak już brać - to ze swojego.

A do kogo mam się zwrócić
Żeby pożyczył grosiaka
Do biedniejszego w rozterce
Chorego na nerki i serce.

A co wydaje się gorsze
Poprosić możnego o forsę
Odrzekł krótko mój bratanku
Wpłaciłem wszystko do banku.

Propaganda trwa na czasie
Bez szacunku i kontroli
Pojedynczo i grupowo
Mózgowo może zniewolić.

Ukłony w dobre strony

Co dobre uczynki znaczą
Z tym - do końca się nie zgodzę
I wcale nie muszę się poddać
A później jakieś pretensje
Za kogoś przypadkiem mocz oddać.

Nielicznym się tylko upiekło
Do nieba przeniesiono piekło
I dobrzy i źli siedzą cicho
To normalne - i po kielichu.

Do piekła nie idą bogaci
Wiadomo że się nie opłaci
Za darmo tam idą biedni i tacy
Bezrobotni w poszukiwaniu pracy.

Był mistrzem w leżeniu czasowym
To wcale nie jest czymś nowym
Z pokolenia na pokolenie
A w końcu to udowodnił
Na czym polega zmęczenie.

Kłóciła się chmurka z chmurą
Czy powietrze zawsze górą
A wiatr się nagle pokłonił
I obie chmurki rozgonił.

Najpierw to drzewa powstały
W kolejności pierwsze drogi
A co dalej jak się słyszy
Powstawały życiorysy.

Za darmo - nie zawsze

Zdarza się i przejęzyczyć
Zwyczajowo na coś liczyć
Korzystać często z darmochy
A do tego robić fochy.

A podatek od darmochy
Chcą wprowadzić w przyszły piątek
Pięć procent za darmo zupę
Dwadzieścia za kopa w d..

A się narobiło chętnych
Chłopaków nieźle majętnych
Co bardzo się udzielają
Za darmo tym kopy dają.

Od jutra drinki za darmo
Już od rana aż do późna
Tylko pod jednym warunkiem
Do baru nie można się spóźniać.

Korzystniej jest po północy
Zająć kolejkę w alejce
Wskazane jest towarzystwo
Ciekawe rozmowy w kolejce.

A na koniec są prezenty
Wtedy kiedy bar zamknięty
Przyczyną się stała plandemia
Ktoś tu w żywe oczy ściemnia.

Pełne bajeru szafy i szopy
Dotyczy to Azji Ameryki i Europy
Propaganda i polityka
Naród to niestety łyka.

Ustawki polityczne

Polityka w naszych czasach
Mocno daje się we znaki
W internecie telewizji

Kłótnie zwady ciągłe draki.

Od newsów raz ciemno raz jasno
Bywa że aż świece gasną
Oczy stygną trzeszczą kości
Raz z rozpaczy raz z radości.

Uwaga - reportaż gotowy
Nowych newsów ciągły nawał
Ktoś - nie zdążył się wyłączyć
Nie wytrzymał zmarł na zawał.

W dni powszednie i w niedzielę
Echo wiadomości niesie
W domu na ulicy w kościele
Na łące polu i w lesie.

Wilk się wkurzył na niedźwiedzia
Powiem ostro - ponad normę
Że głosował na pisemnych
A powinien na plajformę.

Wąż się pieni głośno syczy
Trwa nagonka na odpuście
Zając zaszył się głęboko
I głosy liczył w kapuście.

Dzika wzdęło ponad miarę
Nie głosował - poniósł karę.
Niedźwiedź zrezygnował z miodu
Żyrafa doznała zawodu.

Na świecie zawrzało na dobre
W kosmosie ukazało się nowe
Tego nikt by nie przewidział

Dinozaury atomowe.

Adopcje i opcje

Może tylko się wydawać
Choć trudno się w tym orientować
Na własne bowiem życzenie
Taką biedę adoptować.

Nieumyślnie głupio - z franta
Przyjąć pod dach emigranta
Dać mu ubiór jeść i pić
A samemu cicho być.

Gość przybysz oparty na stole
Smakuje udziaki w rosole
Popija ekstra porterem
I zowie się bohaterem.

Ma prawo nikogo nie słuchać
Podpadniesz to kijem zdzielić
Jak nie zgadzasz się w poglądach
Nagany takiemu udzielić.

Z Hakeswilli czy Kremowa
Koleś i bezdzietna wdowa
U nas swoje prawa miewa
Coraz więcej się spodziewa.

Wolna chata pięćset plusy
I od pastora całusy
Popatrzeć na przeróżne oferty
Można się na dobre wzruszyć.

Zwyczajna pyzata Miśka
Może przywalić w pyska
Oddasz to powinieneś wiedzieć
Na boląco pójdziesz siedzieć.

Fale hejtu i obciachu
Ruszyły produkcje strachu
Nietypowa rozpierducha
Jeden wrzeszczy - tysiąc słucha.

Ruszyła produkcja smyczy
Inwestor wciąż na coś liczy
Inwestuje w ludzkie geny
Może wkrótce się dowiemy.

Olśnienie

Pan jest zauroczony
Bo właśnie został olśniony
Prawdziwego cudu doznał
Że siebie samego nie poznał.

I długo do tego dochodził
Że umarł zanim się urodził
I starał się tego dociec
Że matką był jego ojciec.

Własnego ducha zaskoczył
Widokiem się zauroczył
Sto metrów w górę - zdziwienie
Na dole niestety kamienie.

Czy każdy jest siebie godzien
Literki pisane na wodzie

Wywołuje sztuczne burze
Co przeczy zwyczajnej naturze.

Prawo ciążenia nie działa
Dusza się rozczarowała
I bez zgody osobnika
Do góry poszybowała.

Obywatel jest bez szkody
Szczęście miał że spadł do wody
Nieszczęście do paszczy wieloryba
Początek i koniec chyba.

Obudźmy się - trudno uwierzyć

Gdy w telewizji się pojawiają
Propagandowe obwieszczenia
W to co się mówi trudno uwierzyć
Grozę kłamstwa ktoś tu szerzy.

Oni umysłami manipulują
Każą do siebie nam z armat walić
Nienawiść szerzyć i zakłamanie
Mordować grabić truć i palić.

Podjudzać racje historyczne
O ojcach sztandarach i dziadkach
O bohaterach i ofiarach
Już wywiad o tym się postara.

A my na siebie sami wściekli
Babunie dzikie i kwiatami
Obrzucać będą tych rycerzy
Czy ktoś normalny w to uwierzy.

Dzwony na trwogę głośno biją
Za hordą chwatów brzuchate króle
Wołają głośno ruszaj hamie
Do boju żwawo broń na ramię.

Bo to ohydna racja nikła
Ponoć tam ropa z ziemi sikła
A jest ochota na kasy pełne
Złoto srebrniki i bawełnę.

Odłóż karabin i nie wojuj
Bacz na siebie nie na ropę
Idź sprawiedliwym tropem
Nie wchodź w ciemnotę.

Namnożyło się

Namnożyło się pomysłów
Wiele znaków zapytania
Zakupiono w pewnym kraju
Karabiny do strzelania.

A w fabrykach ciągła praca
Nawet w niedzielę na wojnę
Bieda czai się za progiem
Z kim ktoś każe teraz walczyć
Z jakimś wymyślonym wrogiem.

Ktoś zajrzał do dżipiesa
I zrozumiał w jednej chwili
Że pęd do rychłej wojny
To nafciarze wymyślili.

A co dziwne z niedoróbki
Na wojnę idą przygłupki

Którzy liczą na ordery
I mają żółte papiery.

A ludności miasta i wsiowa
Kłócą się że boli głowa
Kto ma rację - brak kontroli
A nienawiść bardzo boli.

Człowiecze miej własne poglądy
Nie wierz w brednie i przesądy
Nie słuchaj tych bredni urojeń
A kiedyś się na dobre zmieni
Pierwsi będą ostatnimi.

Udawanie

Wydaje się że można zwątpić
Kto mógłby jego teraz zastąpić
Chociażby w zwykłej robocie
Udawaniu czy w kłopocie.

Nie udziela się w programie
Siedzi wygodnie na tronie
Nie myśli nie narzeka nie łaje
Zwyczajnie sam siebie udaje.

Ktoś się przejął swoją rolą
Udaje że zęby go bolą
Przypadkiem w oko coś mu wpadło
I udziela się swawolą.

Udawanie się nie sprawdza
Chociaż zdarza bardzo często
W rezultacie bez pokrycia
Trudno liczyć na zwycięstwo.

Jego sobowtór wziął kredyty
Podpisał za niego kwity
Ponoć w jego obecności
Udzielając się w prawości.

Nagle z tronu się zerwał
Z przerażenia aż oniemiał
I nie pomyślał o jednym
Uwierzył - i stał się biednym.

Co jeszcze - dokąd

Kataklizmy wojny burze deszcze
Co nas może spotkać jeszcze
Kara za nieskromne słowa
Choroba i cosik jeszcze.

Ktoś - chce normalność podeptać
Nienawiść duchową buduje
Wygląda to nieroztropnie
Mieczowo - gazowo i ropnie.

Wydało się że bardzo możni
Dotąd niezwykle ostrożni
Wykorzystują nasze słabe charaktery
Bogacą się przy tym sknery.

Robol na możnego łasce
Głodny w masce i przy lasce
Nie ma czasu nawet grzeszyć
Każą mu się z biedy cieszyć.

Ukarzą jak stroi fochy
Oszaleje dają prochy

Zwędzi w sklepie coś z jedzenia
Zaraz trafi do więzienia.

Strzeż się zanim się obejrzysz
A na własne oczy przejrzysz
Odejdziesz od kuli z niechcenia
Wyzbyty sumienia i cienia.

Takie życie emerycie

Nie są mi straszne pożogi burze
Jestem już na emeryturze
Czas mi wybielił na czole piętno
Oddech krótki i słabsze tętno.

Włosem nie grzeszę - jestem łysawy
Udaję chwata dla dobra sprawy
Na picie wódki - oczy przymykam
W barze się zjawiam i zaraz znikam.

Znam emeryta - co dba o swoje
On przeżył tylko trzynaście wojen
Aż trzy światowe reszta pośrednie
Zahartowany - nigdy nie blednie.

Ja go podziwiam jak o nim słyszę
Śmiga rowerkiem i wiersze pisze
Nie lęka się zimy w lecie gorąca
I się w nie swoje sprawy nie wtrąca.

Ten ktoś zwyczajny nie jest aniołem
Przeszedł przez życie szlachetną szkołę
Trzynaście lat harował w łagrze
Lecz nie narzeka i się nie maże.

Być emerytem - zdrowym i długo
Bywa że starszych nie wszyscy lubią
I czuć się młodym w krainie marzeń
A nie dopuścić by się zestarzeć.

Twierdzenie widza

Wydaje się - że jestem tylko widz
Wiem dużo - z drugiej strony prawie nic
Tak to wygląda moja rzeczywistość
Ścierać się z codziennością przyszło.

Codzienność nie musi być szara
Zapłakana beznadziejna
Powinna być zgrabna powabna
Śmiechem widziana i jawna.

Czy prawa strona z lewą to jedno
Ogromny zapał - ciąg do wielkości
Co uczynić żeby być szczęśliwym
Wyzbyć się przyczyn własnej małości.

Niepokój w huku armat rozgardiaszu
W imię wolności urojonej straszyć
Tworzyć zamęty i przechwałki
Lepiej zaprzestać - nie próbować tlić zapałki.

Do widzenia - można dojrzeć
I we własne myśli wkroczyć
Dojść do własnej równowagi
Szeroko otworzyć oczy.

Losy się na szali ważą
Narzekania nie pomogą

Czas jest sędzią nie przypadkiem
A świat idzie własną drogą.

Młotki

Zaczęło się od małej notki
Raz się posprzeczały młotki
Jeden przed drugim się chwali
Kto komu mocniej przywali.

Powstał zgiełk i dużo szumu
I komisja jest w zarodku
Natychmiast coś trzeba zrobić
I rozstrzygnąć problem młotków.

Na nic się zdały zawody
Nikt nie osiągnął sukcesu
Młotki nigdy się nie spotkały
A to z braku dżipiesu.

A nagrodę wziął ktoś trzeci
Jasne na to są dowody
A na końcu coś bojowe
Miały mózgi metalowe.

Wiadomości szumne sprośne
Na co inne braknie miejsca
Wychodzi na to że młotki
Zwyczajnie nie miały szczęścia.

I kolejny zdarzenia splot
Do akcji włączył się hutnik
Młotki zostały stopione
Na jeden do nawozu rozrzutnik.

Nie chcę

Odmawiam grania roli w tym teatrze
Darmowym nie chcę być widzem
Ponieważ w scenariuszach rozgrywanych
Jakiegokolwiek sensu nie widzę.

Sztuka pożałowania jest godna
Dzielenie psychofizyczne ludzi
Liczą własne tracą czyje
W grę wchodzą petardy i kije.

Reżyser zakopał się w piachu
Steruje zdalnie z ukrycia
Świadomy swojego obciachu
Aktorami bez środków do życia.

W mojej opinii teatr jest farsą
Wygląda niczym zmyślona bajka
I dzieli tylko biednych i bogatych
Na dwa różniące odległe światy.

A skoro już jestem w teatrze
Staram inaczej patrzeć
I dobre od złego odróżnić
Niewskazane jest się spóźnić.

Chcieć a nie musieć
Nie wszystko jedno
Dwie różne sprawy
W to samo sedno.

Lada dzień

Tylko patrzeć jak się zmieni
Dzień pochmurny na słoneczny
Nie trudno jest to zrozumieć
Że na ziemi - nie jesteśmy wieczni.

Póki co jesteśmy żywi
Dobroduszni i szczęśliwi
Cieszymy się z tego co mamy
Chociaż nie na wszystko się zgadzamy.

Wystarczy wyjść do ogrodu
Na ławeczce fajne miejsce
Nacieszyć się widokiem nieba
Prawdziwie u siebie jestem.

Dzionek się kończy zaczyna nocka
Ranek się budzi o samym świcie
Nic do stracenia a do zyskania
Prawda jest jedna i samo życie.

Nie wiadomo tylko kiedy
Wieczność nie uznaje biedy
A poza tym i dobrobytu
Podziękowań i zachwytu.

Zna przyczynę robi minę
Smutną frasobliwą drwiącą
W końcu sam podjął decyzję
Ot i śpiewa na stojąco.

Niepokoje

Nie jest łatwo bytować na ziemi
Los rzuca kłody pod nogi
Zawieje społeczne i niepokoje
Ciągłe zmiany na nowe ustroje.

Cóż więc czynić by się nie zagubić
Znaleźć we właściwej rzeczywistości
W zanadrzu odnaleźć fantazję
Na wszelkie życiowe okazje.

A może przeczekać zawieje
I skryć się w miejsce ustronne
Gdzie nic się złego nie dzieje
Ocalić to - co we mnie istnieje.

A ludzie jak małe mróweczki
Przemykają ścieżynkami w lesie
Nasłuchując grzmotu armat z oddali
Dobrze że las się jeszcze nie spalił.

A warto się też zastanowić
Samego siebie odnowić
I zadać pytanie sobie
Co ja właściwie na ziemi robię.

Praca rozrywka i odpoczynek
To jest to - co mnie z czasem łączy
Nie mam wpływu na spraw tak wiele
I nie wiem kiedy to się skończy.

Zwykła codzienność

Co wnosi do życia codzienność
Pracę wypoczynek pośpiech przyjemność
Budzimy się rankiem ze snu
Witaj nam uroczy dniu.

Dzień zwykły pełen tajemnic
Liście szepczące wiatrem w zaułkach kamienic
Zimne prysznice posiłki gorące
Za oknem promienie słoneczne błyszczące.

Utwierdzeni w planie bycia my zwyczajni ludzie
Opowieści o dniu zwykłym o pracy i trudzie
Wiele niespodzianek niczym perły w sieci
Zanim się obejrzymy beztrosko przeleci
Każdy dzień jest darowany szkoda bez powtórki
I pomyśleć że życie płynie niczym z górki.

Rozsądek

Rozsądek w podejmowaniu decyzji
Opłaci się i może się przydać
Zamożność ubogacają reklamy
A reklam biedy nie widać.

Pomyśleć - że to nie ludzie bogaci
Ciężko pracują na dobrobyt
I ciągle mają za mało
Promują potężne zgrzyty.

A bieda wyraża się cicho
Ukrywana zmęczona i sapie
Głodny chłodny chorowity
Odejdzie zanim się połapie.

Zanim coś zrobić lepiej pomyśleć
Broń Boże nigdy odwrotnie
Rezultat - bardzo zaskoczy
I jeszcze się bardziej piknoci.

Ubodzy w materialnym bezruchu
Na dodatek ubodzy w duchu
Straszenie sądem ostatecznym
Wysługują się niebezpiecznym.

Nie ma szumu w internecie
Nikt nie zna biednego imienia
Dla grupy możnych działaczy
To nie ma żadnego znaczenia.

O czym pisać

O czym pisać jak w sercu kołacze
Jak mózg mierzy myśli w nadmiarze
Problemach rozrywce finansach
Sumieniu dobroci czy szansach.

O chłodzie zgodzie i modzie
I skłóconym doszczętnie narodzie
Wymyślonym świrusie dla kasy
Dlaczego - liczni odeszli w zaświaty.

O światowym konflikcie przypadkiem
Nie dowierzam gdy na to patrzę
Oj dzieje się niemało w tym teatrze
Sam tego obecnie jestem świadkiem.

A ludzie zdani na dole i niedole
Powielają błędy przeszłych pokoleń

Sami sobie przez własne działania
Stwarzają biedę i niewolę.

Być sługą we własnym narodzie
O suchym chlebie i wodzie
Pachołkiem na ziemi własnej
Jest tragiczne bezlitosne niejasne.

Nie skamlę nie proszę nie błagam
Dla siebie szacunku wymagam
Rózgą nie pozwolę się chłostać
We własnym myśleniu pozostać.

Treść życia

Zaplanować własne jutro
Wpierw pytanie trzeba zadać
Uwierzyć we własne myśli
Z konieczności tak wypada.

Dzisiejszy ranek i przebudzenie
Jakby nowe narodzenie
Coś co było nocą przeszło
Nowe nieznane nadeszło.

Nasze jutro niewiadome
Dla każdej istoty na ziemi
Mogę chcieć zaprotestować
I tak to niczego nie zmieni.

Noc przed nami się roztacza
Oczęta zamkną się same
Sen do myśli moich wkroczy
Tworząc coś co jest nieznane.

W głębi duszy tli się płomień
Trudno jest jednak zapomnieć
Indywidualne cierpienie znosić
I duchowo koszty ponosić.

Od niechcenia

Zdarzy się że przez przypadek
Wciągnięto nas w jakieś plany
Staliśmy się posłuszni w idei
Na obce myślenie zdani.

Warto przyjrzeć się ku temu
By się z takim stanem zmierzyć
W zależności od systemu
Komu zaufać uwierzyć.

W jakim świat zmierza kierunku
Wygląda na małość i nicość
Czy we zwykłej urojonej wolności
Tak się sprawdza rzeczywistość.

Ktoś globalnie ma korzyści
Ten kto szerzy nienawiści
Parcie do wojen niezgody
Poróżniły się narody.

Plutony idiotów armijnych
Ktoś do wojen wciąż popycha
A nędzarz w pokornej modlitwie
Umiera pod płotem z cicha.

A może się wpierw zastanowić
Wyjść z myślowego letargu

Obrać swoją własną drogę
Bez kłótni wojny przetargów.

Wszystko w czasie

Strach pomyśleć co się stanie
Gdy czas działać przestanie
Jak zareaguje świat
Gdy zabraknie godzin miesięcy i lat.

Wszystko w czasie jednakowym
Praca rozrywki rozmowy
Nie musisz się z czasem liczyć
Robisz to co sobie życzysz.

Już nikogo nie obchodzi
Że dzień się w nocy zaczyna
Do pracy idziesz o której zechcesz
Nie pracujesz bo się nie chce.

Czas w powietrzu się zatrzyma
Pory roku w tym samym momencie
Jednakowi myślami i wiekiem
Kojarzymy się z człowiekiem.

Korzystniej będzie nie próbować
Pozostać na obecnym rozwoju
W prawdzie i szacunku do siebie
W pragnieniu utrzymania pokoju.

Wszystko nadzwyczaj tak miłe
Dążenia urosły w siłę
Korzystajmy na ile da się
W marzeniach w tym samym czasie.

Rzeczywistość

Rzeczywistość - życiowe powołanie
Każdej istoty na ziemskim padole
Przyszłości i przeszłości nadzieje
A to się teraz dzieje.

I pomyśleć aż dziw bierze
Moc symboli na papierze
A literka po literce
I cyferka po cyferce.

Literki i cyferki coś znaczą
Stoją zawsze za wypłatą
W komputerze i laptopie
W księgowości na urlopie.

Bywa zdarzy się afera
Ktoś zakupił wszystkie zera
I milionera udaje
Czy tylko tak się wydaje?

Wszystko toczy się pomału
Od ideału odbiega
Coś tam nieraz się nie sprawdzi
A bywa że też coś dolega.

Nazbierało się wszystkiego
Że trudno się w tym rozejrzeć
Może zrobić małą przerwę
I na oczy przejrzeć.

Ku pamięci

W badaniach zostało stwierdzone
Że ziemia się nie tylko obraca
A jeszcze do tego się kręci
Z szybkością godną własnej pamięci.

Ziemia istnieje od zawsze
Jest rodzoną siostrą słońca
I ogrzewa glob ofiarnie
Oczywiste że za darmo.

A my mieszkańcy globu
Korzystamy na wiele sposobów
Od zawsze z promieni słońca
Bezpiecznych i pożytecznych.

Szkoda tylko że pamięć zawodzi
Raz na dobę później wcześniej
A to się dzieje codziennie
Łatwo zgadnąć tylko we śnie.

Pamięć długa niezawodna
Na czasie jest bardzo modna
Pamiętajmy kim byliśmy
Kim będziemy i pozostaniemy.

Nadzwyczajne dyskusje

Mamy o czym dyskutować
Ktoś chce strony zlikwidować
Orzeczono prosto z mostu
Zrobić tylko linię prostą.

Ani lewej ani prawej

To jest nadzwyczaj ciekawe
Ale co na to zakręty
Niezłe dzieją się przekręty.

A do tego wszystkie ronda
Jak się znaleźć na jeziorze
Na górze czy oceanie
Uchowaj nas Święty Boże.

Ale Unia podpisała
I nie pomogą protesty
Trwa dyskusja bardzo ostra
Ma być tylko droga prosta.

Dziadek zjechał ze ślizgawki
Konie aż dostały drgawki
Jeleń pobiegł do psychiatry
Kózka na to wszystko patrzy.

Tylko jeden prosty osioł
Zgadza się - nie będzie prosił
On zakrętów się nie boi
Ani w prawo ani w lewo
Jest rozsądny w miejscu stoi.

Dziś i jutro

Dziś się rankiem obudziłem
Pomyślałem - wczoraj też byłem
Nie posiadam się z radości
Wraca pęd do normalności.

Czuje się bardzo swobodnie
Raźniej zdrowszy i weselszy
Nie oglądam wiadomości

Tak jak zwykle beznadziejnych.

Pokłócił się koniec z początkiem
Lew żyrafę oblał wrzątkiem
Słonie wyszły na ulice
Modne maski i przyłbice.

Na bal udała się pierwsza dama
I nie wróciła już taka sama
A róże są wyższe niż drzewa
Ktoś sobie wypłatę zaśpiewał.

Uwaga - na kanały pokutne
Pastor nieżywego poświęcił
Wiadomo taką ma pracę
I bardzo jest zawiedziony
Nieszczęśnik nie dał na tacę.

Ktoś zapomniał się przypadkiem
Trzy dni klęczał na pokucie
Do tej pory na zwolnieniu
I wspomina to uczucie.

Zaufani w swej naturze
Myślą mądrzej żyją dłużej
A przysłowie głosi stare
Żyj w nagrodę - nie za karę.

Czas

Być szczęśliwym na ziemskim globie
Mierzyć ze zwykłą codziennością
Utrzymać w sobie spokój wewnętrzny
I cieszyć prawdziwą wolnością.

Samemu sobie być wiernym
Nie ufać tym co udają że rządzą
Nie pozwolić biczem się smagać
Dbać o siebie i wymagać.

Szczęścia nie można otrzymać
Ani kupić czy też sprzedać
Na szczęście trzeba pracować
Nikt za darmo nam go nie da.

A co się za tym kryje
Wszelkie dobra są niczyje
Należą do każdej istoty żyjącej
Na ziemi przebywającej.

Ziemia moim życiowym sponsorem
Myśli przeróżnych tworzy ogromy
Staram się w sobie utrzymać spokój
W mój czas życiowy ograniczony.

Miara

W miarę upływu biegu historii
Ludzkich zamierzeń pragnień założeń
To co się mieści w ludzkim wymiarze
Podarowane jest w Boskim darze.

Myślę pracuję bywa że tracę
Godzien zapłaty za dobrą pracę
Ścieram z opinią niezgodną z prawem
I ryzykuję na dobrą sprawę.

W sumiennym rytmie naszej godności
W imię szacunku sprawiedliwości
Każdy jest równy tak wobec prawa

To jest prawdziwe dumą napawa.

Światowi gracze elity władzy
Ufni w dobrobyt wierni pieniądzom
Do zniewolenia ludzkości dążą
Zbraknie im czasu wcześniej niż sądzą.

Pożyteczne głosy

Świat jest bardzo różnorodny
Zmienny i nieprzewidywalny
Nie ma końca i początku
I jakichkolwiek wyjątków.

Nagłaśniane są różne sprawy
Wydaje się że pożyteczne
A popatrzeć z innej strony
Jest to bardzo niebezpieczne.

Do reklam nietrudno zachęcić
Okazyjnie coś odkręcić
I bezmyślnie się bisować
Własną głowę w piasek chować.

Z czasem to się musi wydać
Straszenie - tym czego nie widać
Czymś zmyślonym karygodnym
Dla pewnych korzyści wygodnym.

Gra ta nieustannie wciąga
Materializm szczyt osiąga
Może lepiej nie próbować
Żeby kiedyś nie żałować.

Nasz świat

Do kogo należy świat
Do dzieci młodzieży ludzi starszych
A może do zwierząt przyrody
W zależności jak się na to patrzy.

Co w życiu najwięcej jest warte
Mieć oczy szeroko otwarte
Na wszystko co nas otacza
Normalność przed nami roztacza.

Rozglądamy się naokoło i widzimy
Za siebie czy za kogoś się wstydzimy
Udzielamy się często społecznie
A bywa że i niebezpiecznie.

Nasz świat w wynalazkach tonie
Reklamuje się nowe bronie
Do bezsensownych wojen
O własną przyszłość się boję.

Przepaść

Ogromne różnice w dążeniach
Teoria w praktyce niemałe tąpnięcia
Mijają się w locie niewyobrażalnie
Praktycznie w teorii jest nieosiągalne.

Co stoi na przeszkodzie zwykłej normalności
Jak pójść na kompromisy z pewnym zagadnieniem
Nie pozwolić się ograbić z wyobraźni własnej
Rozumnie nie wchodzić w polityczne waśnie.

Rzeczywistość pojmowana jak kaprysy losu
Skazana na trudności we własnym istnieniu
Nie da się podporządkować teorii w praktyce
Mija się z prawdą w materializm zmienia.

Musi wystarczyć

Aby utrzymać kontakt ze światem
Muszę zadbać o swoją wypłatę
Żeby wyrobić się na zakupy
Na kromkę chleba i sól do zupy.

Raz się emeryt pojawił w sklepie
Spojrzał na półki już go telepie
Ceny z kosmosu - komuś odbiło
Aż mu się w oczach ciemno zrobiło.

Z wrażenia kucnął chwilę odsapnął
Wyjął portfelik za uchem drapnął
Przeliczył drobne i z wielkim bólem
To mu wystarczy na dwie cebule.

Jedną marchewkę mąkę dwa śledzie
Musi poradzić jakoś to będzie
A to nie wszystko - zagryza usta
Trzeba zapłacić a bramka pusta.

Można to zrobić kartą na raty
A obsługują tam automaty
I to niestety duża przesada
Każdy automat po chińsku gada.

Emeryt dostał rozległe dreszcze
Rozłożył ręce w podniebnym geście
Głośniej zaczęła bić mu pukawka

A na dodatek i sroga czkawka.

Niech żyje Polska - okrzyk wydawał
Koniec zakupów - umarł na zawał
Ujrzał anioła w niebieskiej czapce
Zakończył żywot w spożywczej Żabce.

Duchowe trwanie

Czekamy na to co jest najważniejsze
Proste zwyczajne znajome
Dzisiejsze tutejsze słoneczne
Co teraz jest naszym domem.

Nasze trwanie pomnaża tęsknotę
W duchowym myślowym polocie
Uniesień doznanych w przeszłości
W dozgonnej przyjaźni i miłości.

Przechodzimy różne etapy
Nie zawsze po naszej myśli
A koniec z początkiem się styka
I wszystko się nagle zamyka.

Nie wszystko co dobre jest za nas
W czasowej przestrzeni wymogów
Wydawać się może że nigdy
Nie zejdziemy z obranej drogi.

To co jest najważniejsze w nas samych
Pragnienia poznania przyszłości
W której się kiedyś znajdziemy
W poczuciu prawdziwej wolności.

Chcę być

Kim chcesz być - to będziesz wiedział
Jak zrozumiesz własną postać
Musowo się wprzódy urodzić
Żeby samym sobą zostać.

A z reguły w życiu bywa
Los się oferuje różnie
A prawdziwie tak nawiasem
Odradzam wybierać się w próżnię.

A tożsamość nie wybiera
Bywa tak że dech zapiera
Z oczekiwań miał być królem
Jest parobkiem za urobkiem.

Dojść do celu - być kim zechce
Uniknąć niechcianych zdarzeń
Najkorzystniej to byłoby
Urodzić się w krainie marzeń.

Udało się - rankiem z rosą
Biegam boso po ogródku
I nie przejmuje się niczym
Aż do skutku.

A marzenia się spełniły
I kłopoty się skończyły
Pomimo że się nieraz trudzę
Ale nigdy się nie nudzę.

Formy niepewności

Niepewności nieubłagana
Wkraczająca w codzienne życie
Stwarza niepokoje w sercach
Niszcząca myślenie w rozkwicie.

Niepewności nieposkromiona w zamiarach
Być może nagana czy kara
Kojarzona w umysłach od zarania
Na domysłach domniemaniach.

Niepewność - to nie znaczy ułomność
Jest formą powtarzaną dość często
To czego się do końca nie pozna
Dopóki się tego nie dozna.

Niepewności nie muszę się bać
Co nie musi a może się stać
A może pesymizm odrzucić
Do tego co było powrócić.

Niepewności - niepowtarzalne
Ogłaszane przez nas samych
Zdarzają się częste zawirowania
Prawda znika i mamy co mamy.

Nagonka trwa

Z powietrza ulicy fabryki i pola
Trwa nagonka na robola
Począwszy od czasów Nerona
Gra nietypowo - szalona.

Media trąbią groźnym głosem

Chłopie stawiaj na sztorc kosę
I do spółki z robotnikiem
Walcz z urojonym przeciwnikiem.

Tłumy rozwścieczonych ludzi
Masowo blokują ulice
Wolność siła i ambicje
Kije miecze bejsbole rakietnice.

Bóg udzielił wolnej woli
Sam siebie krzywdzisz to boli
Zrobiło się dziwnie nieswojo
Niech się czegoś wszyscy boją.

Bać się własnego cienia
Być może sąsiada za miedzą
Słuchać banałów odgórnych
Tych co to niby już wszystko wiedzą.

Wolni myślami w słowach i czynach
W ojczystym kraju w rodzinach
W miłości w zgodzie koniecznie
Będziemy czuć się bezpiecznie.

Szóstka

Totolotek bardzo dobrze się ma
Typowa studzienka bez dna
Za jedynkę z małym zerem
Ktoś zostaje milionerem.

A nadzieja zawsze górą
Coś z reguły mocno kusi
Tylko jeden mały szczegół
Wygrać wcale się nie musi.

Totolotek jest na czasie
I sprawia się znakomicie
Z różnicą że nie pieniądze
A w grę wchodzi własne życie.

Wygrać życie myśli ducha
To dokładnie trafić w szóstkę
Być człowiekiem w swoim czasie
Doświadczać to w całej krasie.

Totolotek stał się niemodny
Inwestycja się nie opłaci
Próbujący gracz w nadmiarze
Bardzo wiele może stracić.

Wygrana ziemska nie ostateczna
Czeka nas jeszcze przyszłość nieznana
Los na loterii kolejna szóstka
W uduchowieniu nowa przepustka.

Tajemnica

Zdarzy się by przez to przejść
Wyjść z ciała i na powrót wejść
Czy to możliwe czy da się
Zrozumiemy w swoim czasie.

Człowiek jest niepowtarzalny
Cel życia niewyobrażalny
Duchowe działania twórcze
Ofiarowane przez Stwórcę.

My czasowi ziemscy gracze
W naszych osądach różni

Próbujemy za wszelką cenę
Nie pozostać sobie dłużni.

Życie niczym gra filmowa
My aktorzy własnej sceny
Droczymy się o dobra materialne
A co dalej - to nie wiemy.

Rozmyślanie

Rozmyślam nad sensem życia
Świadomie budząc nadzieję
Często gęsto i przypadkiem
Jako przedziwną zagadkę.

W teorii myślenia I znaków
To testy przed wielką burzą
W praktyce i rzeczywiście
Do czegoś specjalnie służą.

Wchodząc w życie swoje własne
Dużo trzeba się naumieć
Ale sprawy są niejasne
I ciężko pewne sprawy zrozumieć.

Pomyśleć że dziś się trudzę
A jutro się nie obudzę
Odwiedzę krainę wymowną
Duchową prościejszą wytworną.

Prawda o naszym czasie

Czy znamy prawdę o naszym czasie
Czymś najważniejszym w samej naturze

Czas decyduje sam bez pomocy
Co będzie za dnia i w ciemnej nocy.

Czas to wszechświat moc i troska
Nie waży nie mierzy nie narzeka
Coś o czym nie wiemy ma
Nieubłaganie trwa.

Czas trwa w przyrodzie i we mnie
Komponuje doradza i łechce
Spróbuj tylko zażartować z czasem
To wszystkiego się wtedy odechce.

Czas ma najwięcej do powiedzenia
Jest promotorem prawdy miłości
Czas towarzyszy nam całe życie
Od urodzenia aż do starości.

Tradycyjnie

Wydawać się może niejasno
Jak utrzymać własną wolę
Spróbować pofrunąć w kosmos
I nauczyć się pływać w rosole.

To że własna wola nie boli
O tym jest każdemu wiadomo
Ale wymaga kontroli
Przed komisją utajoną.

Nasza wola to konkrety
Wdrażana we własne myśli
To co sobie obiecałem
Jest prawdziwe rzeczywiście.

Jak skorzystać z roli woli
Postanowisz i nie boli
Z wolą się nie wolno spierać
Ale przyjaźnie zawierać.

Wolna wola jest darem Bożym
Wraz z życiowym powołaniem
W naszym życiu odpowiedzią
A jednocześnie pytaniem.

O dziełach Stasia Pyska

Stało się - nie przewidziałem
Sława o kroczek tak bliska
W księgarniach się ukazała
Już dziesiąta książka Pyska.

Pod tytułem "Myśli w czasie"
Wielkie promowane dzieło
Jest wspaniałe i prawdziwe
I od teraz się zaczęło.

Autor książek nie pomyślał
A może mieć powód do dumy
W wydawnictwach i księgarniach
Spore się zrobiły szumy.

W internecie i wiadomościach
Zaniemówiłem - na to co słyszę
Na czasie jestem tym bohaterem
A dzieło moje "Myśli w czasie"
Okrzyknięto bezselerem.

Oceniono - że to dzieło
Prawdą i humorem błyska

Obok zdjęcie w złotej ramie
Jej autora Stasia Pyska.

A przed domem w Lawrence
Fanów Pyska zatrzęsienie
Podniesione w górę ręce
Radość śpiewy i olśnienie.

Wszyscy fani stoją w rzędzie
Wkrótce i szeryf przybędzie
Taka okazja rzadko się zdarza
Każdy chce spotkać Pyska pisarza.

Błyski fleszy uściski rąk fotografie
Szczerze wyrazić się nie potrafię
Cały dzionek krzątanina
Muszę jakoś to wytrzymać.

Zapracowałem na taką sławę
Co się nie robi dla dobra sprawy
Bardzo dziękuję za piękne kwiaty
Wkrótce się stanę bardzo bogaty.

Prawdziwe cele

Że tak teraz się ośmielę
Pozostać w myśleniu swoim
Co jest najważniejszym celem
Co kocham i czego się boję.

Jestem jednym spośród wielu
Którzy zdążają do celu
Pracują myślą i śledzą
Dokąd zmierzają nie wiedzą.

Do celu prawdziwego z imienia
Stąd tak liczne nawiedzenia
O każdej porze latem czy w zimie
To coś na stałe jest przy mnie.

Do celu dążyć można nie zdążyć
Ale nie trzeba bardzo się martwić
Gdy się nie uda to zastopować
Cel się spostrzeże - sam do nas trafi.

Tyle spraw

Przed siebie do siebie za siebie
Tak się sprawy mogą toczyć
O coś co jest bezsensowne
Myśleć martwić się i droczyć.

Tyle spraw na jednej głowie
Zastanawiać rozwiązywać spodziewać
Szukać prosić ubolewać
Osądzać i powątpiewać.

Sprawy są ważne i mniej ważne
A wynika to z popytu
Uwaga - co nie popieram
Korzystanie z nadmiernych kredytów.

Zależnie od pory roku powietrza
Od świtu i nocy kaprysu
Czy możemy sobie pozwolić
Na zmianę w planach życiorysu.

Przetrwanie

Świat się staje bezgraniczny
Można pomyśleć prowizoryczny
Niezaradny i bezwolny
Dziki przebiegły frywolny.

Materializm dosięga szczytu
Wyrasta pęd do dobrobytu
Co już staje się nałogiem
Wydaje się że wszystko mieć mogę.

Ciągła walka o przetrwanie
Bywa że na zawołanie
Coś pojawia się i znika
Wtedy brama się zamyka.

Uwikłani w pewne cele
Dbający o własne portfele
A po prawdzie by żyć godnie
Czy potrzeba mieć tak wiele.

Popyt na nicość

To przychodzi w każdej chwili
Wzrasta popyt na debili
Poróżnionych niczym krety
Różnej jakości niestety.

Na telewizyjnym ekranie
Promowane zabijanie
Z procy strzelby często z łuku
Kto da z siebie więcej huku.

A niektórzy łykają te newsy

Mącące w rozumach do reszty
Prą do wojny ile wlezie
I bawią się w dzikie rzezie.

O co walczyć tak naprawdę
O wolności już przebrzmiałe
Za coś to często tracili życie
Stwarzali problemy niemałe.

Gdzie i dlaczego

Gdzie byłem jak mnie nie było
Zasnąłem jak mnie szukano
Gdzie będę i czy odgadnę
Dziś w nocy czy jutro rano.

Życie niczym gra losowa
Raz powstaje znów się chowa
Bardzo droga - raz bez ceny
Nie wiemy gdzie się znajdziemy.

Jest tak że za każdym razem
Jestem pod losu nakazem
Raz do przodu i do tyłu
Tak jakby mnie już nie było.

Nasza dumna rzeczywistość
Nie zawsze prawdziwa i prosta
Skąd przybywa zapraszana
Do końca niezrozumiana.

Z której by nie spojrzeć strony
Jestem trochę zagubiony
A czasem pomyślę sobie
Co ja teraz tutaj robię?

Wieczór ciemna noc zapadła
A gdyby mnie tutaj nie było
Pewnie czułbym się nieswojo
I nie byłoby tak miło.

Na zegarze czas się mierzy
To że jestem tu w tej chwili
Komuś pewnie na tym zależy
Pozdrawiam was moi mili.

Nie wszystkich

Czasy obecne tak bardzo zmienne
O co tak naprawdę chodzi
Ktoś jest biedny i bezdomny
Komuś nieźle się powodzi.

Nie wszystkich stać używać w barze
Beztrosko działać w biznesie
Ktoś nie może się wyróżnić
Czeka aż los mu coś przyniesie.

Wydawać się może - human tak silny
Mocny mądry nieomylny
Z mocy prawa jest na czele
A jednak może niewiele.

Reklamy mają się nieźle
I o to toczą się boje
Najwygodniej się reklamować
Za pieniądze i nie swoje.

Do przodu

Iść za modą i wygodą
Starać się ciągnąć do przodu
Nie narzekać a życiem się cieszyć
Ciągle do czegoś się śpieszyć.

Za cara ktoś był pastorem
Typowym garbatym znachorem
Przypadkowo zgubił tacę
I niestety stracił pracę.

Został bezdomnym włóczęgą
Ulica domem się stała
Po wszystkim co utracone
Tylko tęsknota została.

Ten on chorował przewlekle
Odszedł i znalazł się w piekle
A tutaj komfortu nie czuje
Haruje i węgiel maluje.

A w przerwach biega za chrustem
Stęka narzeka że ciemno
Ubolewa nad swoim życiorysem
A bardzo tęskni za ziemią.

Wstrząsy

Gospodarczo - polityczne wstrząsy
Nerwowych roszad wydania
To dzieje się na bieżąco
I sięga od czasów zarania.

Gotówka z dużego banku
Pomyśleć - niczyja to była
W kolizji na przydrożnej wierzbie
Straciła pamięć i nie wie.

A na trybunach wiwaty
Na modzie rozumy na raty
Franki nie są już kłopotem
Bieda się czai za płotem.

Na zbrodnie jest przedawnienie
Za pieniądze jest zbawienie
A zły przymyka powieki
Dobrobyt przykrywa przecieki.

Panowie z prawicy lewicy i lewacy
Trwają w politycznej pracy
Dyskusja przetrwała do rana
I walka o kasę wygrana.

Na czasie są wstrząsy i czkawka
Politykierska bujawka
Zmieniają się prawa i rządy
Zamierzenia i poglądy.

Od czegoś do czegoś

Od zera zaczynać to kpina
Do miliona długa droga
Moja wina wasza i nasza
Od dziś podrożała kasza.

Z mojej winy jest zakalec
Od wczoraj podrożał smalec

Wystarczy się przyjrzeć na półce
Jaka jest cena na bułce.

W końskim podrożały lejce
Koń musi stanąć w kolejce
O owies się musi zapytać
Zostało wyciągnąć kopyta.

A w propagandzie dostatek
I co tam jakiś podatek
O jakieś tam niskie procenty
Nieważne czy z pracy czy renty.

Hulaj dusza - żłób się rusza
Mamy ciebie łysa pało
Na kolana bezbożniku
Wolności by się chciało.

Nowa penicylina wchodzi
Co nie przechodzi przez głowę
Nikt nie jest w stanie przewidzieć
Ile wyniesie żalowe.

Nic do stracenia

Ziemia zrodzona z nieskończoności
A to wynika z czasu obliczeń
Człowiek od Boga otrzymał w darze
Coś niezwykłego nazywane życiem.

W nocy miałem sen niezwykły
Śniłem - że zostałem królem
A kiedy się obudziłem
Jakże ważny się poczułem.

Że jestem władcą - muszę uwierzyć
Po co mam wstawać - mogę poleżeć
I nic nie mam do stracenia
Świat cały teraz do mnie należy.

Góry lasy rzeki kartofliska
Drapacze chmur i lotniska
Kopalnie złota zabytki i drony
Należą do mnie i mojej żony.

Nie ma pośpiechu - nie stoję w korku
W Chicago czy Nowym Jorku
Pod sobą dołeczka nie kopię
Na froncie nie gniję w okopie.

I pomyślałem jestem szalony
A jednocześnie ubogacony
Do tego kosmos też mam na własność
To jest możliwe i stąd ta radość.

Bardzo mi przykro - że inni walczą
Ten ktoś im każe - grosiwem płacą
I toczą boje o co nie wiedzą
Niedouczone sępy za miedzą.

Z odwrotnej strony jak myśli skupi
Można pomyśleć najemnik głupi.
Być może wąchał i to i owo
Stąd te problemy z głową i mową.

Dzięki - że z losem się połączyłem
We własnych myślach swój świat stworzyłem
Mój świat prawdziwy i na orbicie
Bardzo go cenię i kocham życie.

To brzmi dumnie - muszę zaznaczyć
Ja się nie zgadzam - o mój świat walczyć
I w imię Boga w prawdzie dążności
We własnym gnieździe godnej prawości.

A najważniejsze co nas dotyczy
Każdy z osobna niech sobie życzy
We własnym świecie dobrze się czuję
Nie burzy tego - co nie zbuduje.

Dzień Mężczyzny - 10 Marzec 2023 r.

10 marzec 2023 r. - już prawie wiosna
Raniutko wiadomość radosna
A wiadomo o co chodzi
Płeć męska na całym świecie
Uroczystość Mężczyzny obchodzi.

Dzisiaj męskie niemowlaki
Uczniowie i nasze chłopaki
Dorośli mężowie i starsi panowie
Uchwalili to co powiem.

Z dniem dzisiejszym jednogłośnie
Że wszyscy rzucają palenie
A do tego obiecali spróbować
Ograniczyć się drunkować.

Zamierzenia to są święte
Nasze Panie wniebowzięte
Oświadczają zgodnym chórem
Stoją za Panami murem.

Życzą Panom dużo zdrowia
Powodzenia i mądrości

Spełnienia najskrytszych marzeń
Aby życia się nie bali
Co obiecali to dotrzymali.

Natura

Cuda dzieją się w naturze
Widoczne na każdym kroku
Czas decyduje o wszystkim
Mijają się pory roku.

A to naprawdę się dzieje
Połowa marca deszczyk kropi
Słoneczko na troszkę wyjrzało
A za moment się schowało.

Ciepełka już tylko czekać
Chłodek znika pomaleńku
Dzionki teraz coraz dłuższe
Witaj nam droga wiosenko.

Natura jest nieomylna
Od niczego niezależna
Błyskotliwa dobrotliwa
A przede wszystkim potężna.

Wkrótce dni pochmurne miną
W dal popłynie wszystkie zimno
Korzystnie i nawet wypada
Czas z pogodynką się dogada.

Poprosi o Celsjusze dodatnie
Zespołowo i prywatnie
Czekamy na nowe cuda
Wierzymy że wszystko się uda.

Bezpowrotność

W historii nie cofnie tego co przeminęło
Odeszło w niepamięć i ślady zatarło
Pozostawiając po sobie dawnych myśli cienie
I bezpowrotnie czasowo umarło.

Jakim sposobem bezpowrotność zmierzyć
Wrócić myślami w dawnym czasie przeszłym
Wyrytych imion na zmurszałych pomnikach
Jarzących świecach na złotych świecznikach.

Myśli przeszłości osnutych tajemnicą
W szale bitewnym wojennej udręki
Zgromadzone w otchłani wojownicze dusze
Oczekujący na sąd i czyśćcowe męki.

Nie cofnie teraźniejszości co kiedyś odejdzie
Dnia dzisiejszego doświadczeń wolności
Lepszego bytu pragnień i miłości
Wszyscy dobrniemy do nieskończoności.

Lato w pełni

Lato w pełni i coś jeszcze
Dzionki przeplatane deszczem
Wakacje spotkały się w pędzie
W nadziei że fajnie będzie.

Słoneczko wygląda zza chmurki
Na trawce figlują wiewiórki
Ciepłym wiaterkiem powiewa
Ptaszyna radośnie śpiewa.

Dość narzekań zbytnich smutków
Krzątam się po swoim ogródku
I beztrosko grządki pielę
Okazyjnie się weselę.

Hej - wakacje ale frajda
Na plaży sylwetki golutkie
Wszyscy zgodnie zespołowo
Zerwali kontakty ze smutkiem.

Nie ma sensu gdzieś się śpieszyć
Dać się ponieść wolnej woli
Myśleć tylko pozytywnie
A w efekcie nic nie boli.

Wyznaczone cele

Czas pokaże już niebawem
Wyznaczając własne cele
Dużo mamy do zyskania
Do stracenia tak niewiele.

Ze świtem samego rana
Nie upadnij na kolana
Byle czego się nie lękaj
Zbyteczna jakaś udręka.

Najważniejsze - to kontakt ze światem
Nie dać się często biczować
Odrzucić niegodną zapłatę
A w piasek głowy nie chować.

Moim celem jest żyć w prawdzie
Nigdy w lęku i niewoli
Ktoś kto myśli pozytywnie

Wszystkim się cieszy - nic go nie boli.

A nie jest łatwe jak się wydaje
Życie maluje nam scenariusze
Czasem sił braknie zwątpienie rośnie
Jakie mam wyjście podołać muszę.

Bywa że czasy są zmienne
Stąd zawieruchy wojenne
Nieprawdziwe rzeczywistości
A w rezultacie nicości.

Inna rzeczywistość

Dużo się mówi i wiele pisze
O dobrobycie - że aż kołysze
O w gospodarce dobrej w wyniki
I o znaczeniu w tym polityki.

A rzeczywistość jakże jest inna
Jest przekroczona czerwona linia
A klasa średnia prawie umarła
Bo ją inflacja nagle zeżarła.

Może odrzucić tę tezę złudną
A okazyjnie troszeczkę schudnąć
Na propagandę laskę położyć
Na starość nie dać się upokorzyć.

A emeryci w dzisiejszym czasie
Tak oszczędzają - na ile da się
Palenie chrustem i miarka mąki
Drogie strzykawki w zupie robale
To są systemu kozły ofiarne.

A co niektórzy spójrzmy na listę
To się zgadzają i chwalą system
I popierają diabelskie dance
W głowach sodoma w rękach różance.

Jak reagować i bronić siebie
Nie dać się nabrać i przekabacić
Oczy otworzyć i opamiętać
Wolności własnej nie mogę stracić.

Skutki sklerozy

Zaniki pamięci nazwane sklerozą
Były będą i się mnożą
Sprawa czasu nie odkryta
Tak po prostu rzecz nabyta.

Rzeczywistość - różnie bywa
Zapomniał jak się nazywa
Gdzie mieszka nawet czy żyje
Nie je nie pije a tyje.

Ktoś zapomniał i nie stracił
Wpadł na pomysł i się wzbogacił
Wziął kredyt na ile nie wie
Zapomniał nie zdążył wytrzeźwieć.

Mogłoby się i wydawać
Źle pożyczać i oddawać
Pożyczać rzeczowo praktycznie
A oddawać teoretycznie.

O sklerozie piszą wiele
Na rozum chorzy przewlekle
Ktoś często na tym zarabia

I promuje niebo w piekle.

Wyleczyć sklerozę czy da się
Złagodzić jej skutki i znoje
Nie udzielać się politycznie
Nie wchodzić w myślowe machloje.

Czasowa prawda

Wiadomo że na jedną osobę
Przypada 24 - godziny na dobę
A może by się więcej przydało
Czy to jest dużo czy mało?

Czas wyznacza własną drogę
Zdarza się przypadkiem potknąć
Ale czas jest nadzwyczajny
I nie pozwoli się dotknąć.

Czas przetrwania i urodzin
Przychodzi beztrosko i odchodzi
Wzbogaca i się poświęca
Uważnie zegary nakręca.

Czas to rozrywka samotność
Częste harówki codzienne
Nastroje i niepokoje
I każde chwile odmienne.

Czuć się dobrze w swoim czasie
Postaram z pewnością da się
Proponuję się nie wściekać
I z rozsądku nie narzekać.

Czas to prawda jak rzecz święta

Dlatego musimy pamiętać
Że dni w tygodniu jest siedem
A to rozumie tylko on jeden.

Emeryt w XXI wieku

Prawda nie boli nie kłamie
Proste słowa z życia wzięte
Emeryt przez cały żywot
Harował na własną emeryturę.

I nastąpiło natarcie
Mamy ciebie w garści dziadku starcze
Nie ujdzie ci to na sucho
Zgarbiona niewiasto starucho.

Nic dodać i nic ująć
A mogło być inaczej
Na widok sumy pieniędzy
Emeryt wybuchnął płaczem.

Nie oszczędzili go wcale
6 % na szpitale
30 % dla Zusu
8 % na Urząd Skarbu.
2 % od kształtu garbu
3 % od przyszłości
1 % od śmiechu i radości
5 % proce i rtęć
Zostało 45%.

Emeryt popatrzył w niebiosy
Stroskany okrzyki wydawał
Położył ręce na sercu
Nie przeżył i zmarł na zawał.

Rodzinne wakacje 2023 r.

Brawa owacje piękne wakacje
Piękny sierpień 2023 rok
Jest tak uroczo i pod humorem
Nasza Joasia przybyła do Lawrence
Dziesiątego sierpnia późnym wieczorem.

A na początek Nasza Joasia
Córeczka Tereski i Pyska Stasia
Może ktoś nie wie to się dopyta
To taki poeta - jak go naleci
Napisze dramat i fraszkę skleci
Zabawny wierszyk dla dużych dzieci.

Odnośnie Naszej Mamy Tereski
Lubi najbardziej kolor niebieski
Mama Tereska jak ugotuje
Upiecze sernik a to się czuje.

Sobotni ranek siódma trzydzieści
Bagaże w aucie muszą się zmieścić
Wodę do picia pierogi Mamy
Dziś na wycieczkę się wybieramy.

Joasia żwawo zapina pasy
Obok Tereska i Stasio na tyle
Joasia zerka w boczne lusterka
I opuszczają Lawrenceville.

Wszyscy weseli nikt nie grymasi
Niechby spróbował stękać przy Joasi
Bardzo ciekawe aż ponad miarę
Właśnie jedziemy dziś nad Niagarę.

Piękna sobota pogodę mamy
Pachnie wokoło żywo kwiatami
Jest discopolo i ton poloneza
A w tle wakacje piękna impreza.

Joasia świetny driver rajdowy
Na gaz naciska i 400 mil z głowy
Takich kierowców ma świat niewielu
Godzina piąta - jesteśmy w hotelu.

Warto przypomnieć że podczas jazdy
Joanna mija różne pojazdy
Muzyka skoczna Rmf i Polo
Właśnie granica Niagary i molo.

Więc przybywamy jest popołudnie
Witaj Kanado pachniesz tak cudnie
Suty posiłek spełnienie głodu
Gorąca kawa pierogi ciasto
Hura - spacerkiem idziemy na miasto.

A na początek tak rzec wypadnie
Nasza Kanada wygląda ładnie
Natura piękne widoki kładzie
Robimy fotki przy wodospadzie
Trudno wyrazić jest to myślowo
Słowem przepięknie i przebojowo.

Turystów mnóstwo tak roześmiani
Błyskają flesze przy wodospadach
A o dziesiątej są fajerwerki
Dobrze się składa.

Hotel i do snu po długiej drodze

Zwłaszcza Joasia zapracowana
Przez cały dzionek za kierownicą
Od samiutkiego wczesnego rana.

Poranek niedzielny i tak się składa
Smaczne śniadanko przy wodospadach
A na wycieczkę już z przewodnikiem
Wartko ruszamy autobusikiem.

Przez parę godzin fajno się chodzi
Zwiedza zabytki pływa na łodzi
Coś wspaniałego i pełne wrażeń
To przebywanie w krainie marzeń.

Nie koniec na tym jest popołudnie
Piękna pogoda i pachnie cudnie
Smaczny obiadek i chlup w basenie
Piękne wspomnienie.

Nocka przemknęła jak z bicza strzelił
Śniadanko pyszne siup do kąpieli
I na wycieczkę mkniemy Toyotą
Może znajdziemy na plaży złoto.

Ach - piękna przystań statki na wodzie
To niebywałe cuda w przyrodzie
Jest już dziesiąta a więc wypada
Ruszamy w drogę żegnaj Kanada.

W drodze do domu muzyka disco
O wodospadach wiemy już wszystko
Nasza Joasia prowadzi auto
Droga Joasiu dziękujemy bardzo.

Jesteśmy w domu tuż przed północą

Troszkę strudzeni i to się wie
Jutro jest wtorek do zobaczenia
Witamy sen.

Kolejny dzionek a to już wtorek
Z Naszą Joasią rozstanie blisko
Nasza Córeczka mknie do Chicago
A pożegnamy się na lotnisku.

Nasza Joasia w przestrzeni fruwa
Już doleciała Bóg nad nią czuwa
Mama Tereska i Tata Stasio
Cała Rodzina Dzieci i Wnuczki
Dziękujemy Ci Joasiu za wszystko
I zapraszamy na każdą chwilę
Do małej chatki w Lawrenceville.

Święty - pocięty

Dramaty są modne na czasie
O tym mówi się pokrótce
Na zebraniach urzędowych
W kościołach w barach przy wódce
Na uroczystych przyjęciach
Temat bardzo się nakręca.

Ktoś - umarł dwa wieki temu
Żył w celibacie w klasztorze
A w wierze był bardzo zawziętym
Po czasie zrobiono go świętym.

Odpoczywał Wincenty w grobie
Świece nad nim się jarzyły
Na sposób duchowy rozumny
Aż tu - nagłe walenie do trumny.

Pomyślał przedziwna przymiarka
Nad grobem stanęła koparka
Ktoś z kleru zlecił robotę
Aż szkielet oblał się potem.

To straszne i źle się dzieje
Na cmentarz wtargnęli złodzieje
I w ramach katolickiej miłości
Do taczki wrzucili święte kości.

Pan pastor z długimi lokami
A wokół na czarno ubrani
Ormowcy zwisowcy i komo z ochrony
I prezes rozanielony.

Wnet wrota kościoła otwarte
Na stole kości i czaszki
Nożyce poszły do ruchu
Pocięto zucha na paski.

A tego opisać się nie da
Kosteczki człowieczka na sprzedaż
Wielebni chirurdzy w maskach
Za relikwie wiadomo nie co łaska.

A co na to zmarły święty
Tak bezczelnie napadnięty
Zasłużony na ziemskim padole
Ale zemsta w oczy kole.

Dusza ryczy głośno szlocha
Już nikogo nie pokocha
A diabeł ze śmiechu się pokłada
Bo z kościołem się dogadał.

A święty trwa dotąd w rozterce
Sprzedana wątroba i serce
Wkurzona jest również małżonka
Lat dwieście i został bez członka.

Puenta w tej strasznej robocie
To po to żeby pokazać hołocie
Że po śmierci w ramach łaski
Zostaniesz pocięty w paski
Więc zastanów się na chwilę
Że ci wielcy co niektórzy to debile.

W obecności Boga

Pan Bóg stworzył świat wspaniały
W mocy całej okazały
W Boskich zamierzeniach jest troska o życie
I wielkie plany na niebiańskim szczycie.

Obecność Boga jest na każdym kroku
W światłości mroku milczeniu zawiei
Prawdziwe życie źródlane bez końca
Bóg czyni duchem miłość w prawdzie i nadziei.

W każdym stworzeniu mieszka Boża siła
Z poszumem wiatru w niebo się wsłuchuje
Słońca promienie horyzontu blaskiem
A w sercach Boża siła niezmiennie buduje.

Harmonia Boża trwa przez wieki całe
Jej dziełem są góry lasy rzeki i miasta
Bóg jest niewidzialnym stróżem co czuwa nad światem
Jego miłość nieunikniona bez granic urasta.

W snach spokoju na przestrzeni czasu
Moc Boża jest z nami nieprzerwanie w zgodzie
Bóg sprawia że przetrwamy na ziemi bezpiecznie
A wola Boża trwa niezłomnie i prawdziwie wiecznie.

Wydało się

Nagle wszystko się wydało
Co sensacją jest niemałą
A sprawa do końca się ma
Że noc jest ważniejsza od dnia.

Starać się tak udowodnić
Nie walczyć ze zwykłym zerem
W dzień to jestem niewolnikiem
A w nocy jestem bohaterem.

A nie można tu zaprzeczyć
W nocy się można wyleczyć
We śnie zmienić własną postać
Władcą na wieki zostać
Na ognisku upiec prosię
Beztrosko bujać w kosmosie.

Możesz mieć to o czym marzysz
Na ognisku tyłek sparzysz
Nic nie boli ważysz zero
Zostałeś nie lada zuchem
Zwalisz słonia jednym ruchem.

Sen się skończył pękła bańka
Poruszyła się we drzwiach klamka
Moja pozycja się zmienia
Cienki głosik - dość leżenia.

Doskonałym żeś małżonkiem
Marsz na działkę zbierać stonkę
Podlać kwiaty umyć kundle
Bo inaczej uszy urwę.

Jak zaradzić w tym temacie
Do roboty jak się macie
Teraz za dnia to się pilnuj
Rzeczywistość - nie ma zmiłuj
Dzienne niespodzianki kuszą
Nie pracują ale muszą.

Nie do wiary

Nie uwierzę aż się boję
Jak ogłoszą mnie gierojem
Albo przypadkiem złodziejem
Na czasie - już to się dzieje.

Grożą że na wojnę rzucą
Znajdziesz się na pierwszym froncie
Nie zdążysz pociągnąć za spust
A już ci urwało prącie
Albo gorzej do milicji
I jest problem prohibicji.

Do lochu zostaniesz wtrącony
Bez kromki chleba i wody
Pastor wyklął biedaka z ambony
I zostałeś poniżony.

Zachowanie nietypowe
W areszcie zamknęli mowę
Stwierdzono że sobie dogadzasz
A ryjka w nieswoje wsadzasz.

Wtargnęli do domu nad rankiem
Zwinęli z okna firankę
Przy tym mleka pełną bańkę
Widelec i dwa noże z kredensu
Akcja groźna i bez sensu.

A na zewnątrz strach i nędza
Ktoś chciał dobrać się do księdza
Bo pomylił go z kobietą
Zajrzał stwierdził - że to nie to
I to na mszy tuż przed tacą
Czemu - dlaczego - za co?

Ktoś kogoś za coś obarcza
Szeryf aresztował starca
Słowa władzy niczym święte
Zajął całą roczną rentę.

Co niektórym się powodzi
Po doktorach nikt nie chodzi
Cóż ratunku szanse liche
Z kowidem zawarte sojusze
Już dalej mówić nie muszę.

Jeszcze gorzej bo ciemno na randce
Przywlókł się pastor na bańce
Wygłosił kazanie straszne
Przez cztery lata nie zasnę.

Został szybko wydalony
Niestety nie znalazł żony
I nadal tkwi w konkubinacie
Ale myśli o wypłacie.

Sypia z żoną urojoną
Zmienił ubiór na zielono
Niechcący poświęcił słonia
A zapłacono za konia.

Podziałano wiele cudów
Władza ma przejść w ręce ludu
Demokracja co się zowie
Pokój i chwała dobrobytowi.

Absurdy

Pojęcie absurdu na czasie
Widoczne na każdym kroku
Oparte na wierze w coś tam
Psychicznie w zasięgu wzroku.

Ktoś kto ma własne poglądy
Pewien siebie i tak twierdzi
Więc próbuje udowodnić
Że g... pachnie nie śmierdzi.

Co można nazwać absurdem
Polityczne przechwalanie
Zasłużony umarł dawno
Zostało na buzi mniemanie.

Absurdy często wdrażane w życie
Właśnie przez durnowatych
I pozbawionych normy w myśleniu
Pojawiających się w oka mgnieniu.

Dzieje się coś nietypowe
Ludzie temu wiarę dają
Nie dość że absurd popierają

To do tego dopłacają.

Jak uciekać od absurdu
Żeby się nie nabyć zgagi
Na pewne dziwne zdarzenia
Po prostu nie zwracać uwagi.

Domniemania

Z reguły można domniemać
I pewnych spraw nie doceniać
Nie liczyć się z czasem własnym
Zdawałoby się tak prostym jasnym.

Wczoraj byłem dzisiaj jestem
Na buziaku zakwita uśmieszek
Próbuję zrozumieć fakty
Dokąd się tak ciągle śpieszę.

Poranek i się zaczęło
Kolejny dzień walki o dzieło
Nietypowa rozpierduszka
Wykipiało mleko z garnuszka.

Czego mam się dziś spodziewać
Tego czym się dziś pochwalę
Trafię szóstkę w totolotka
Szef odznaczy mnie medalem.

Miałem nadzieję i jest mi miło
Jak się zaczęło tak zakończyło
Nie ma medalu jest strasznie przykro
Szóstki nie było.

Ostatecznie w tej rozgrywce
Cieszę się że nie jestem sam
Wokół rodzina i przyjaciele
Częste spotkania i wspólne cele.

Ku niebiosom

Tematów tak bardzo wiele
Dotyczących życiowych wymiarów
Przebywaniem na ziemskim globie
Ku chwale nieznanym zamiarom.

A czas nieubłaganie upływa
Nie wiadomo co się wydarzy
Chwil parę jak od nas odeszła
Najukochańsza Ciocia Zosia z Mocarzy.

Zgodnie z woli Bożej przekazem
Jesteśmy z Ciocią Zosią razem
W pamięci i duchu połączeni
Na kochanej matce ziemi.

Odpowiedzialność

Odpowiedzialność w znaczeniu
Dotyczy rozumnej istoty
Prawdziwie nadmienić muszę
Za ciało i własną duszę.

Za losem podążam codziennie
I staram się działać ofiarnie
Pełen wiary w Boga i przeznaczenie
Spełniam dane mi życiowe zadanie.

Odpowiedzialność jest nieuchronna

Żywa prawdziwie przytomna
Jestem sobą w ciele i duszy
A dla mnie samego dozgonna.

Może czegoś się obawiam
Chciałbym swój los zmienić na lepsze
Lecz ode mnie to nie zależy
Czy ciepło czy zimno i wietrznie.

Odpowiadam za własną tożsamość
Za rodzinę przyjaciół i światowy pokój
Poglądy i własne zdanie
To jest moje ziemskie zadanie.

Najważniejsze spotkanie

Nadzwyczaj uroczo wypadło
Spotkanie z Córeczką Joanną
Najważniejsze bardzo miłe chwile
Z Naszą Córeczką w Lawrenceville.

Piękny czas promotorem wydarzeń
Jesteśmy radośni wielce
Wróbelki i wiewiórki w szeregu
Ustawiły się do pożegnania Joasi na steczce.

Dzwon na działce głośno rozbrzmiewa
Nasze drzewo pokłoniło się nisko
Joasi Mama Tereska i Tata Stasio
Już piąta - czas na lotnisko.

Oczekiwanie - dźwięk telefonu
Joasia oznajmiła - że jest już w domu
Z Ramzesem spotkali się na lotnisku

My wszyscy nadzieję mamy
Że wkrótce się znowu spotkamy.

Ku światłości

Odpływamy w świetlistej chmurze
Unosząc się duchowo ku górze
Po trudach na ziemskim padole
Ku niebiosom i Boskiej naturze.

Odpływamy utrudzeni dniem codziennym
Zabiegani o jadło i dach nad głową
W nieskończoność niewiadomą
W nową erę życiową duchową.

Nasza ziemia napełniana świetliście
Pożegnała odchodzących ostatecznie
Utrudzonych codziennym życiem
Zapalonym na grobach zniczem.

Oni odeszli pozostawiając wspomnienia
W żałobie rodziny matki ojcowie i córki
I pomyśleć że na matce ziemi
Każdy dzionek przelatuje niczym z górki.

Do światłości co po życiu ma nastąpić
I pomyśleć że w innych wymiarach
A co nam w tym dążeniu pomaga
Nasza praca poświęcenie i wiara.

Zasady gry

Czy w grze życiowej twardym wywodem
Na własnych myślach się nie zawiodę
Przejdę przez życie niepostrzeżenie
Zostanie po mnie tylko wspomnienie.

A teraźniejszość trudy i znoje
Życiowe spory i niepokoje
Walczyć o wolność prawdę i jadło
Aż strach pomyśleć ludziom przypadło.

Prawdziwych zasad etapy płynne
Nieprzewidziane zdarzenia mylne
Codzienne starcia z nastaniem świtu
Dążność do prawdy i dobrobytu.

Czemuż się wprzódy trzeba urodzić
We własnym bycie prawdy dochodzić
Walczyć z czasowym zwykłym zegarem
O swoje szczęście wolność i wiarę.

Wrześniowa nocy ciemna i głucha
Sen się gdzieś czai zmęczeniem morzy
Z nastaniem świtu co ma się zdarzyć
Szeroko oczy na świat otworzy.

Gra się toczy

Jak łączyć los życia ze światem
Prawdą komedią dramatem
W części swoich własnych myśli
A w nocy tym co się przyśni.

Jestem - czy tylko tak się wydaje
I nie na wszystko przystaje
Na wodzy zapięte nerwy
A w oddechu małe przerwy.

Dni powszednie gra na czasie
A myślenie często zmienne
Dzieciństwo młodość i starość
Wpisane w losową małość.

Często sam zachodzę w głowę
Jak nabyć myśli modne i nowe
Osiągnąć własne perpetum - mobile
Wiedzieć kim jestem chociaż przez chwilę.

Przeszłość odchodzi już do lamusa
Tak po prawdzie nic nie znaczy
Wspomnienia zostały zatarte
W cień odeszły nic nie warte.

Gra w czasie jest niewiadomą
Niedościgniona głębina świata
To co matrix nam oferuje
Niepostrzeżenie ulata.

Wybory 2023 r. reklama

W internecie rozpierducha
Rwetes krzyk i wiele szumu
Podrożały długopisy
Coś się wkradło do rozumów.

Pastor rozgrzeszenia nie dał
Biedak zatrwożył się szczerze
Powiesił się w czasie jazdy

Na pożyczonym rowerze.

A wybory tylko patrzeć
Do głosowań trwa przymiarka
Zbawieni głosujcie ochoczo
Na Hansa Pinokia czy Jarka.

Każdy głos się tutaj przyda
Po cichu bo wszystko się wyda
A głosować to spokojnie
Do zobaczenia po wojnie.

Demokracja zbaraniała
A strzykawki podziałały
Zboże skażone i mięso
Ręce ze strachu się trzęsą.

Nie przejmuj się człowieku poddany
Jutro będziesz zakopany
Ostatnie chwile palące
Za pożyczone pieniądze.

Chrust podrożał świeczki w cenie
Więcej płacić za zbawienie
Jak ustrzec się przed dramatem
Natychmiast włączyć myślenie.

Nowe nieznane w czasie

Natura w duchu życia przyszłości
Zdobiona w różnych kolorach tęczy
W teraźniejszości fizycznie skromni
Bywa w teorii myślowo wielcy.

Boża Opatrzność zarządza światem
Ziemię i kosmos ma pod opieką
Tylko natura może coś zmienić
Na naszej matce kochanej ziemi.

Nowe - to każda czasu sekunda
Wcale nie musi czuć się zegarem
Twarda smutnawa muzycznie skoczna
I niewidoczna swoim zamiarem.

Życie jest darem dobra i łaski
Zawładywane sznurem czasowym
Odpływa w nicość przeszłości brzemię
Z nową nadzieją zdąża na ziemię.

Trudno pogodzić tożsamość z losem
Iść własną drogą za serca biciem
Zabrać ze sobą ziemskie radości
W dal do nieznanej rzeczywistości.

Zawsze młody

Pośpiech - to nie lada wyczyn
Wynika to z pewnych przyczyn
Ścierają się buciki i drętwieją nóżki
A końca nie widać dróżki.

Z danym czasem wiążę nadzieję
Ważne jest co się naokoło dzieje
Nie cofam się z obranej drogi
Czas był i będzie dla nas drogi.

A teraźniejszość bywa niewiadoma
Zdarzają się wypadki losowe
Co było niestety trzeba stracić

Niekiedy i życiem przypłacić.

Nie zważam na dróg rozstaje
Stawiam kroczki zamaszyste
Kłaniam się wszystkim serdecznie
Z humorkiem uroczyście bezpiecznie.

Zawsze młody z nutką pieśni na wargach
Radość w sercu i chęć do życia mną targa
Pełna wiara w jutro ciekawsze
Pozostanie z nami na zawsze.

Byłoby inaczej

Człowieku - jesteś w potrzebie
Urągając bliźniemu - krzywdzisz siebie
Wśród tych co oddają tobie brawa
Czy od tego zależy teraz twoja sława?

Czy jesteś i będziesz bezpieczny
Z medalami na piersiach kutymi ze złota
Widniejesz na pierwszych stronach newsa
Polityczna machloja urojona cnota.

Namnożyło się tak wiele problemów
Zasługą zmieniających się systemów
Jest wynikiem wzajemnej pogardy
Czas pokazał odkryły się karty.

Ludzkości nieposkromiona w zapędy do wojen
Napiętnowanie dążących za ciągłym pokojem
Parcie do bogactwa i utrzymania władzy
Nie zważając że inni są głodni i nadzy.

A może byłby lepszy dla kogoś takiego
Sznur przydrożnej wierzby
Polityczne rękodzieła i butne zamiary
Nic nie ustrzeże działania od kary.

Ku wieczności z teraźniejszości

Odejdę z teraźniejszości nie wiadomo kiedy
Z dobrobytu dostatku a być może z biedy
W chwale ziemskiej melodii czy beztroski
Spokojny przyjazny wesoły wyniosły.

Rozgorzały marzenia o niebiańskim raju
Wyemigrowałem z Ojczyzny do obcego kraju
Kojarzony typowo przybyszem z kosmosu
Udający się czasowo - gdzie oczy poniosą.

W zasięgu grób - nowy dom i status wieczny
Tutaj czuje się niezwykle bezpieczny
Nie pierwszy i nie ostatni na grobowej liście
To nie jest sen - to jest takie oczywiste.

W któryś ranek gorącej słoneczko zaświeci
Na moim grobie pojawią się rodzina i dzieci
W rozmownych ujawnią zapiskach
Wesołego dziwaka Stasia Pyska łyska.

Bezimienna nocy

Nocy ciemności głucha bezimienna
Po dniu słonecznym opasujesz ziemię
We śnie głęboko pogrążasz umysły
Mnożysz senne banalne wymysły.

Nocy senna uczuciowa bezkresna
Ludzka dobrotliwa cielesna
Zatroskana o ciszę i spokojność
O prawdę szacunek i wolność.

Nocy jakże się potrafisz zatroszczyć
By marzenia senne przetrwały
I do świtu który się zbliża
W nadziei i pokoju pozostały.

Nie bój się widma pełzających duchów
To ja uczestniczę w czasie przeobrażeń
Pozostanę w świetle prawdy i wolności
Na tle oczekiwanych przyszłości i marzeń.

Obdarzony

Los mnie obdarzył młodością
Ale za chwilę szkoda starością
Darem dobrodziejstwa i typowe żądze
A na dodatek jeszcze w pieniądze.

I tak się stało a nadzieje rosną
Całość podzielona na malutkie części
Z zakłopotaniem w pełnej euforii
W grze ostatecznej otrzymałem szczęście.

Wszystko to otrzymałem ponad miarę
W rozumieniu jest Boskim zamiarem
I wszystkim co udziela do przetrwania
Do życiowego powołania.

Ciągle się droczę we własnym umyśle
Domniemam przestrzegam i błagam

Czasami myślę że może za mało
Od samego siebie wymagam.

Zamierzenia humana

Czas - ktoś - kto udziela się dziwnie
Często urzeka mnie swoim gustem
Traktuje mnie jak niewiadomą
I oferuje często pustkę.

A w samej głowie stwarza ognie
W duszy rozdziela czerwień gorzką
We śnie się czuje jak nadęty
Rankiem najbardziej wypoczęty.

Mój czas mnie niańczy przez dzień cały
Na koniec zmierzchem mnie kołysze
Przenosi przez dróg rozstaje
Do swego grona mnie dodaje.

Czy ważne jest - co sam zamierzam
Z codziennym się wysiłkiem zmierzam
Pytanie - a czy odpowiednie
I nowe coś - i dni powszednie.

Przejście

Oddechy coraz krótsze i szorstkie
Coś w głębi wnętrza ogniem się pali
Niespotykane miotanie ciałem
Na termometrze sto kresek rtęci
Bezwład bezwzględny i zanik pamięci.

Zdziwienie rośnie i zgaga płonie
Sztywnieją palce wiotczeją dłonie

W zamglonych oczach plamy migają
Świat w senną barwę się zamieniają.

Może to horror - coś gorsze jeszcze
Teraz chichotać już się nie chce
Mięśni wiotczeją wzmagają się dreszcze
W mózgu zlepione - coś trzeszczy jeszcze.

Kaszel do gardła zajadle ujada
Oddychać trudniej płucne tornada
W przekrwionych oczach fruwa sadza
Płakać czy z grzechów się spowiadać.

Za moim oknem jesień goreje
Na horyzoncie zwiędłe żółte liście
Kołysze gwizdem i głośno warkocze
W takcie muzyki krzywej samozwańczej
Ostatni oddech - nigdy już nie zatańczę.

A co ja na to

W bosej nadziei i gwałtach zazdrości
Parodią przepychu przeplatanej nędzą
Niechybnie spodziewanej śmierci mroki
W dali koszmarnej nieznanym zapędom.

A co ja na to - i moje reale
Utrudzony siedzę zamykam się w sobie
Z żalem spoglądam na mknące obłoki
Wyrocznią czasu pustostanu kroki.

Rozkoszy bytowej we własnej osobie
Rozpamiętuje i przyrzekam sobie
Oglądam się na wystające z pleców garby
Los dla mnie jest bezwzględnie twardy.

W grę wchodzi wolność prawda i sumienie
Nagromadzone kamienie na szańcach
Na horyzoncie pojawił się dziwoląg
W huku armatnim zaprosił do tańca.

Wyborne promocje

Z powagą nadmienić muszę
Chodzi tu o scenariusze
Czyli o tak zwane - nowe
Na czasie wyborowe.

Rozgardiasze pod niebiosy
Policzono wszystkie głosy
Ale się nie zgadza suma
Stąd rozterki i zaduma.

Kto zostanie teraz wodzem
Z ogromnym smokiem na czapce
A ilu miał będzie zastępców
Uczonych i w koloratce.

Nowe rządy nowe sądy
To fikcyjne przepowiednie
To jak zwykle brudne pranie
Tak jak było pozostanie.

Po cóż jakieś bzdury mnożyć
Powielać to coś bez sensu
Okazyjnie się obrażać
To samo bez przerwy powtarzać.

Promowane są na czasie
Obiecanki nowości wymazy

Drogowskazy z zachwytami
Płoty między narodami.

Ale wolność jest w niewoli
Dużo jednak się biadoli
O równości puste słówka
Teorii spiskowych ramówka.

Historia - trwanie

Ciągle trwam w rozmowie z historią
Z przeszłością figluję uparcie
Rozpatruje jej dobre i złe strony
W myślowych rozstajach na warcie.

Historio - po prawdzie nieśmiertelna
Obdarzona mnogością paradoksów
Dużo złego jest tolerowane
Próbujesz zabłysnąć i swojego dopiąć.

Świat pogrążają niedomówienia
Historyczne przemiany rewolucje
Niedosyty i wiele niespodzianek
Ciągle nowe zapisy i konstytucje.

Historyczne czysto ludzkie paradoksy
Ktoś nie zawinił a został wyklęty
Zapomniany na całe wieczności
A odwrotnie niegodny został świętym.

Myśli swobody

Myśli swobody służą narodom
Popierane prawdą rozumem i pracą
Dopóki swoich praw naród się nie zrzecze

Pod panowanie sił zaborcy nie powlecze.

Prawa do wolności osobistej mamy
Nie pozwolimy oddać się w ręce niczyje
Wszelkie zwątpienia szepcząc do ucha
Nie pozwolimy pogrzebać żaru ducha.

Narodzie pokorą świecisz uwikłany w waśnie
Pod pręgierzem zła politycznych uwodzicieli
Pałających chciwością niemoralnych butnych
W światowych zawieruchach okrutnych.

Biją dzwony

Biją dzwony na światowym szczycie
Szefowie w niebiosach - ofiary złożone
Szczęśliwi - nowi - w zachwycie
Zapewniają o dobrobycie.

Bogactwa już płyną z Afryki
Moce fanów z Bangladeszu
Emeryci i renciści
Do banków truchcikiem śpieszą.

Z drugiej strony straszą sodomą
Co to jest wszystkim wiadomo
Tu chodzi o czyjeś kieszenie
Ale czy da się to zmienić.

Zmienić już postanowione
Sęk w tym że w niedobrą stronę
Rządowo i oficjalnie
Bezrozumnie militarnie.

Zakaz wydawania gotówki
Broń Boże jakieś łapówki
Stop korupcji i obłędom
Brak wełny - krosna nie przędą.

Teoretycznie można powiedzieć
Wszystko być może nawet się zgadza
Ale praktycznie aż strach pomyśleć
Do czego zdolna jest taka władza.

Nie ma wyboru

Opatrzność Boska niebiosa uchyli
Dla wszystkich co przeszli przez życie
Uwolnieni od trosk i niepokoju
W imię nowego duchowego spokoju.

Materializm odpłynie półszeptem
Doprawdy gdzie ja teraz jestem
W krainie bajecznie przejrzystej
Ukwieconej niebiańskiej świetlistej.

A ze światem pożegnać się przyjdzie
Pozostawić kwieciste zagajniki
Spotkania w gronie rodzinnym
W rytmie weselnej muzyki.

Póki co nie mamy wyboru
Obudzeni z rannym na pół świtem
W dążeniach utrudzeni cieleśnie
Pracą odpoczynkiem dobrobytem.

Rozważania

W rozważaniu myślami w zadumie
Od zachwytu powstrzymać się nie umiem
Wszystko wydaje się takie normalne
Z drugiej zaś strony nierozpoznawalne.

A co się stanie gdy osiągnę kresy
Dnia wczorajszego cienia się pozbyłem
I to się spełni być może najkrótsze
We śnie o błogim nadchodzącym jutrze.

Historii świata różne wydania
Wykrzykniki stopy znaki zapytania
Wstrząsów sejsmicznych wrogie odgłosy
Wszystko to wpływa na świata losy.

W myślowej jaźni huśtawki tanecznej
Można powiedzieć nie zawsze bezpiecznej
Na kwiecistej łące w słonecznej purpurze
Podziwiam obłoki falujące w górze.

Niefortunnie

Powyborcze procedury
W gospodarce i kulturze
Nietypowych reform mrowie
To się już nie mieści w głowie.

W górze dym i szare kurze
W gospodarce polityce koniunkturze
Sąsiad ukąsił sąsiada w d..
To przeczy wszelkiej kulturze.

Ale to tylko jest na początek
Co niektórym zrzedły miny
W prezencie polityk dostał
Fotelik na urodziny.

Wyglądało ugodowo
Pan ten spoczął honorowo
Elektrycznych wstrząsów dostał
Szczęśliwy - sztywny pozostał.

Ktoś nerwowo politycznie
Próbował dogadać się z sitwą
Przypadkowo niefortunnie
Niechcący pociął się brzytwą.

Dzieje się - kłótnie i zapędy
Uciekać gdzie i którędy
Modły kropidła i miecze
Takie są losy człowiecze.

Osiągnąć wieczność

Czy życie można porównać z rajem
Można pomyśleć to nierealne
Coś tu wyraźnie do głębi wzrusza
Ciało na ziemi a w raju dusza.

Osiągnąć wieczność i cudu doznać
Musowo siebie samego poznać
Spłacić czasowe życiowe długi
Aby urodzić się po raz drugi.

W kręgach niebiesiech kosmosu
Zgodnie z wiarą chrześcijańską
Przekraczając niebios bramy

Duchowo się tam spotykamy.

Trudno sprostać tej wymodze
Samo życie jest po drodze
Praca troska i lamenty
Nieprzewidziane losu odmęty.

Kiedy duch opuści ciało
To nazwane życiem prysło
Nowe nieznane się ukazało
Spotkać się z wiecznością przyszło.

Wieczności na ziemi nie zrozumiem
Tego co jest niepojęte
Co ulata wraz z myślami
Jest po życiu w prawdzie święte.

Wszechświat

Epoki mijają się w czasie
W nieokreślonej przestrzeni czystej
Odbijając mroczne cienie
Fantazji duchowej niebotycznej.

Wszechświat istnieje lat miliardy
Trwający wiecznie jak w zachwycie
A nasza ziemia w tym układzie
Maleńką gwiazdką na orbicie.

Wieczystą ciszę przenikają
Potężny błysk i ryki gromów
Ubrane w czyny i gorzkie słowa
I cisza nowa ugodowa.

Zostańmy tutaj z konieczności

We własnej prognoz uczynności
W programie naszych możliwości
Pełni wiary pomysłów inności.

A wierność trwania nie odpuszcza
Człowieczy los epoki sługą
Opatrzność w myśli mnie ubiera
Zostanę - wierzę że na długo.

Lato w pełni

Lato w pełni słońce w górę
Każdy dzień jak złota chmurka
Ptaszyna w górze beztrosko śpiewa
Kwiaty kwitną zboże dojrzewa.

Rośnie siła i nadzieje
Ciepły wiatr przez drzewa wieje
Rzeka płynie szumi cicho
Czas w bezkresie mija szybko.

W nocy gwiazdy migoczące
Księżyc jasno lśni na łące
Ciepła noc sny rozkwitają
Lato w pełni odkrywają.

Każdy moment złota warty
Życie tętni tańcem wokoło
Drzewa darzą owocami
Jest uroczo i wesoło.

Istota myślenia

Własne myśli chcę przytoczyć
I ujrzeć na własne oczy
A następnie porozmawiać
Coś rozumieć i naprawiać.

Myśleć o czymś i o niczym
I z nieznanych sobie przyczyn
Nierzadko przez siebie upokorzyć
Odejmowa zmieniać i tworzyć.

Oczy zwapnione od patrzenia
Klapki na uszach słuch zamiera
Na ścianie płaczu łzy topnieją
Czarna czeluść się otwiera.

Odwrotnie jest jasno przejrzyście
Słoneczko rozsyła promienie
Ranek obudził się wcześnie
Wiatr udziela się szelestnie.

Różnorodność podzielona
Świat pręży się i rozwija
Przyroda napawa błękitem
Kwitnie to co nazywa się życiem.

Ukryta gdzieś magia przyszłości
Niczym baśniowa epopeja
Inności ciąg ducha wyplata
W obrazie nowego widzenia świata.

Dwie opcje - wybieramy 2023 r.

Kogo popierać - stojąc przy urnach
W głowie się roi od myśli kurna
Czy na plajformę czy na zwisłanie
Do normalności zbędne czekanie.

W pracy nie głaszczą trzeba nawalać
Za marne grosze piasek przewalać
Tyrać na chlebek i udka kurze
O lepszym życiu marzenia w chmurze.

Pastor rozprawia o rychłym piekle
I o grzesznikach chorych przewlekle
Dziadki się modlą o lepsze jutro
Może ze strachu - dzisiaj nie umrą.

Nie dasz na tacę uschną ci palce
Ciągła rozgrywka z diabłami w walce
Oni próbują wyciągnąć więcej
Jak oddasz wszystko masz czyste serce.

Ktoś kupił w Lidlu unijne flaki
Cztery marchewki i dwa buraki
Do tego chlebek i dwie konserwy
Gorzko zapłakał i wdepnął w nerwy.

Dostał za darmo papier na łezki
Gwóźdź trzycalowy i trzy pinezki
I używaną gumę do żucia
Małe naczynko do śliny plucia.

A wydał na to dużą fortunę
I wpadł przypadkiem w ostrą zadumę

Wrócił do chaty i zapadł w śpiączkę
I od tej pory miewa gorączkę.

Ktoś klęczał długo - ma coś z wariata
I po kościele dziś z tacą lata
Mnisi go chwalą zupą go karmią
Z góry wiadomo - że nie za darmo.

Ktoś się nawrócił z motyką biega
W duszy coś skrzypi coś mu dolega
W nerwach się rzucić chciał już pod kolej
Doktor mu radzi wymienić olej.

Robol się modli klęczy godziny
Stroni od seksu i aspiryny
Unika czegoś - i drażni żonę
I nie zje tego co nie święcone.

A to się dzieje dzisiaj na świecie
To armagedon i wielkie boje
Co osiągnąłeś ciężko harując
Od jutra może być już nie twoje.

Na naszym globie rządzą wandale
Oni powinni gnić w kryminale
To ci stwarzają te niepokoje
Stąd wielkie wojny liczne rozboje.

Zrzucane bomby co grozę budzi
Na chaty głodnych i chorych ludzi
A liczni tacy typowo bierni
Twierdzą - że to są ludzie niewierni.

A rząd jak zwykle strasznie toporny
Wdraża dla siebie własne reformy

I gospodarcze na niby zdrowotne
Dla społeczeństwa przykre sromotne.

Ja tu na ziemi myślę na trzeźwo
Pewnie w zaświaty kiedyś mnie wezwą
Za swoje czyny sam się rozgrzeszam
Sam odpowiadam i się pocieszam.

Niech żal do mego serca kołaczy
To co niedobre Bozia wybaczy
To jest prawdziwe dla mnie grzesznika
Po co mam płacić za pośrednika.

A wiadomości są nawet spore
I poczynania odgórne chore
Broń Boże połknąć obłudy lekcje
To i wszystkiego już się odechce.

Jesień - rozmyślania

Jesień szeroko skrzydła rozwija
Wiatrzysko hula drzewa się chwieją
Deszcz nie próżnuje i ostro zacina
Zima nadchodzi dni maleją.

Nocka ciemnicą ogłusza
Dni wloką się mozolnie
Zamknięte szkoły urzędy bary
Świat dziwnie ponury szary.

Czy da się ciemności wyjaśnić
Może coś odwrócić naprawić
Dołożyć starania żeby rozjaśnić
I noc księżycową wprowadzić.

W wyobraźni mojej rośnie
Coś co ze snem się kojarzy
Pozostało tylko czekać
Co się jutro może zdarzyć.

Cudzołóstwo

Wczoraj podano we wiadomościach
Aresztowano pewnego gościa
Nie za kradzieże czy za oszustwa
A dopatrzono się cudzołóstwa.

A to się stało wielką aferą
Pan cudzołożył z własną butelką
Najpierw wypijał potem zagryzał
A w finale butelkę lizał.

A jak mu mocniej biło serduszko
To z butelczyną spał pod poduszką
Za swoje zdrowie pił nawet we śnie
Ale z reguły zasypiał wcześnie.

Rok do odsiadki - kara nielicha
Żegna butelkę i ciężko wzdycha
A to legalne sądu oszustwo
Sprawę uznano za cudzołóstwo.

A to zostało udowodnione
I według sądu jak zapewniano
Dlatego karę taką mu dano
Za cudzołóstwo z butelką szklaną.

A to przestroga dla tych co golą
Lepiej wystrzegać się alkoholu

A pić z butelki i tylko wodę
To się zachowa zdrowie i urodę.

Nowe oblicza

Dokąd płyniemy co zamierzamy
W okresie czasu niedoścignionym
Za nami wiele przemian czasowych
Wspaniałych smutnych i brawurowych.

Dążność do czegoś z niemałą siłą
Moce pragnienia - kim by się było
Czego wymagam od swojego losu
Zdrowia fortuny sławy rozgłosu.

Każda się zmiana prosi o swoje
Zmiany klimatu nowe ustroje
Nowe oblicze i nowsza data
Wzorce początku i końca świata.

Pytam się często samego siebie
Wiem że przed losem się nie ukryję
Wierzę że spełnię swoje marzenia
Cieszę się chwilą tą w której żyję.

Nerwosole

To się dzieje i prawdziwie
Obecnie w medycznym kole
Już od dłuższego czasu
Używamy nerwosole.

Co tu można jeszcze dodać
Na pigułki duża moda

Spożyta uzdrawia głowę
Sprawia że myśli są kolorowe.

Trafiają się myśli niezdarne
Stwarzające lęk i grozę
Po użyciu nerwosolu
Nic ci człeku nie pomoże.

A nerwosolek jest w cenie
Pigułka kosztuje dwa centy
Dochodzi podatek watowy
I sto dolarów masz z głowy.

Używając nerwosole
Ponoć wzmacniasz wolną wolę
Rosną chęci i odwaga
Ważne - pamięć też się wzmaga.

Nerwosole działają dodatnio
To się ponoć w smaku czuje
A jak jest naprawdę - w nawiasie
Dowiemy się w swoim czasie.

Kalendarze

Mijają lata żółkną kalendarze
Pokoleń odeszłych żalowym płomieniem
Cmentarnych krzyży zapalonych zniczy
Łez wyciśniętych z oczu żalu i goryczy.

Niesiemy skrzynię grobową na barkach
W ostatniej drodze w długim korowodzie
W dozgonnym pożegnaniu małego człowieka
Z nadzieją że ktoś bliski tam na niego czeka.

Trudno się pogodzić z odejściem losowym
W ostatnim spojrzeniu do dołu wyrytego w ziemi
Powierzyć bezbronnego który nam zaufał
Niewidzianej Inności w myśl dobrego ducha.

Dane nam było opuścić cmentarze
W smutku i bólu przed siebie kroczymy
Matki i ojcowie synowie i córki
W to samo miejsce kiedyś powrócimy.

Do nicości

Określenie nicości to mniej niż zero
To coś nie istnieje czego nie ma
Powiedzmy syzyfowa praca
Z niczego w nic się obraca.

Materializm przyświeca na ziemi
Stajemy się od niego zależni
Kroczymy przez życie ukradkiem
Na nieznanej czasowej bieżni.

Dążymy powoli do nicości
Przeżywając chwile radosne i smutne
Zależni od powietrza i wody
Zwykłych graczy całe narody.

My ludzie skazani na trwanie
Wypełniamy powierzone nam zadanie
Mimo wysiłku określonych codzienności
Z każdą chwilą zmierzamy do nicości.

Święto zmarłych

Jesień na ziemię otuchę kładzie
Wszyscy spotykamy się w listopadzie
Jest piękny dzionek chłodkiem płynący
W dniu święta ludzi już nieżyjących.

Życie jest darem Boskim programem
Natura własne wytycza cele
Człowiek na ziemi czyni się panem
A tak prawdziwie zdziała niewiele.

Życie się toczy w istocie żywej
Męskiej czy żeńskiej to wszystko jedno
Program się kończy ostatni oddech
Nie ma ratunku twarzyczki bledną.

Cmentarna cisza jarzące świeczki
Krzyże na grobach i kręte ścieżki
I pojedynczo często grupowo
Wspólnie spędzamy chwile duchowo.

Ciała w proch się zamieniają
Ziemska pielgrzymka dobiegła kresu
Dusze doświadczają Boskiej miłości
Przeszły na nową fazę wieczności.

Oni odeszli tak im wypadło
Nie muszą się martwić o jadło
Myśleć żałować czuwać od rana
Wieczność jest święta i niezbadana.

Polityka - wady systemu

Polityka jest na czasie
Stwarza postrach i zadyszkę
Ktoś kto słucha i popiera
Często jest robiony w myszkę.

Strach pomyśleć co polityk
Taki ma do powiedzenia
Jakieś bzdury czułe słowa
Prośby gesty i westchnienia.

Koń napisał mu przemowę
Osioł pod tym się podpisał
Świnka pieczęć obwąchała
I dyskusja rozgorzała.

Wnet pytanie pierwsze padło
Zadał je lisio rudzielec
Chcąc podzielić kurze jajo
Użyć noża czy widelec.

Polityk się zakłopotał
Głową kręci palce łamie
Nagle wilczur gdzieś od tyłu
Głośno wrzasnął rusz się chamie.

Krzyk tak polityka dotknął
Bez namysłu jajo połknął
Niefortunnie się zakrztusił
O mało się nie udusił.

Bardzo podejrzana sprawa
Dostał za to gromkie brawa
Coś tam na ostatek palnął

Minę miał nawet zabawną.

Zyskał poklask niepojęty
I niedługo został świętym
Zaważyły w tym zasługi
A kto będzie spłacał długi.

Długi będzie spłacał osioł
On go wybrał do rządzenia
Koń dołoży kilka procent
Tak się polityka zmienia.

Kozacznie

Wszystko wolno myśleć mówić
Samego siebie być fanem
Niechcący dać uderzyć się w buzię
Gdy w grę wchodzą pieniądze duże.

Kózka jest rozgoryczona
Ktoś tu musiał nieźle zbroić
Pan wrócił nietrzeźwy do chaty
I zapomniał ją wydoić.

A wspominać też niemiło
Mleko w cyckach się zwarzyło
Nietakt i rodzaj nierządu
Kózka ruszyła do sądu.

Pan tak łatwo się nie poddał
I z nawiązką kozie oddał
A w grę wchodzi kwaśne mleko
Pan dogadał się z bezpieką.

Przyjechali z governmentu
Rano o szóstej we święto
Pełni buty i wściekłości
Zawlekli do domu starości.

To tragiczne wyobraźcie
Kózka ma lat dziewiętnaście
Do emerytury daleko
Najgorsze zwarzone mleko.

A wyszła prawda ukryta
Próżno jest tu kalkulować
Kózka była za plejformą
Nie chciała na zwis zagłosować.

O morał tutaj nie trudno
W nagrodę że im wiwatują
To oni ich maltretują
Tak się postępuje z ludem
I jeszcze nazywa cudem.

Pokolenia - wspomnienia

Pokoleń przeszłych hufce nieprzerwanie
Pasmem się ciągną nad nową krainą
W nieskończoności mroczne nieodkryte
Od ziemskiej karmy i dokąd zawiną.

Utarczki ziemskie wojujących plemion
Zadanych ciosów rażące obrazy
Duchowych zmagań istoty człowieka
Na niewiadomy proces sądu czeka.

W duchu połączenia istniejącej łaski
Ziemskich osiągnięć instynktach

Udając się do celu zbawiennego czasu
W aureoli promiennego blasku.

Pozostawili po sobie wspomnienia
I gorzkich łez ciernie
Odchodząc w przestrzeni dotąd niezbadane
W nadziei na nowe i nieprzemijalne.

Dojść do celu

Ktoś kiedyś zaczynał od zera
Twierdzi krótko ciężko było
Walczył jak lew o dzieło
Niestety wszystko runęło.

I nie osiągnął dziesiątki
Ze względu na postne piątki
Pociągu do pracy zapału
Niestety było za mało.

Teraz zaczął od tysiąca
Wkręcili go w ostre tryby
Stracił pole zboże i wszystko
Sam został obdarty na rżysku.

Nie poddaje się po stracie
A postępy widać znaczne
Gdy tylko odzyska siły
Dym produkować zacznie.

Nie taki zabójczy fizyczny
Odmienny dym polityczny
Który jest teraz w cenie
Dziękuje za zrozumienie.

A czasu zostało niewiele
Dwie niedziele do odpustu
I trzeba zapłacić podatek
Od nadziei dymu i chrustu.

Doczynienia

Bajki są wstępem do tego właśnie
A w kolejności za nimi baśnie
Dalej horrory i poematy
Reprezentują odrębne światy.

Dole baśniowe i takie z bajek
Są zagadkowe wszystko się udaje
Ale w horrorze to krew się leje
A w poemacie nic się nie dzieje.

Miał do czynienia z przejawem złości
Brakło skrupułów prostej radości
A na dodatek chęci do zwady
Liczył na zgodę oraz zasady.

Duszę ma młodą od urodzenia
Wierzy w człowieka brzydzi straszenia
I obiecanki często niemiłe
Docenia mądrość prawdę i siłę.

Zawsze do spania układa się wcześnie
I zapisuję co robi we śnie
Stara się bardzo i nie pochlebia
Nigdy się lewą ręką nie żegna.

Życie kultura trzeba wybierać
O byle g... nie warto się spierać

Myśleć i dzielić jest ważną sztuką
W przeciwnym razie grozi seppuku.

Zwierzenia polityka

Twierdził że uczył się na dziesiątkę
Ale postępy były nieduże
Bywało nieraz godziny całe
Brał udział w bujaniu w chmurze.

W czasie niedługim szkoły dokończył
I na huśtawce było za ciasno
Więc postanowił zdążać do celu
Polepszyć dumę i wolę własną.

Zanim podążył do polityki
To miał już dobre w gadce wyniki
A był rozsądny nie zwykły frajer
Niezłe osiągi i świetny bajer.

Wkrótce przyjęli go do zwisu partii
Stał się odmienny dziwnie uparty
Coś tam i kiedyś komuś obiecał
I od tej pory grał sam ideał.

Wiadomo w partii niezłe machloje
Każdy tu walczy tylko o swoje
Każą ci kogoś na proszek zetrzeć
A jak potrzeba tyłek podetrzeć.

Kto głosi bajer - często źle kończy
Błagam i proszę - niech się wyłączy
Nie lgnie do tego krzywego Raju
Do tych - co nie mają - ale rozdają.

Niespodziewane tragedie

Trochę to smutne nie takie miłe
Że pewne sprawy przechodzą tyłem
A gromadzone często na dole
Sprawią że prawda ta w oczy kole.

Średnio na jeża bywa na raka
Ktoś go oszukał i stąd ta draka
Boss się ulotnił z jego kasiorą
A było tego nawet i sporo.

A głód doskwiera o jadło woła
Biedak doczołgał się do kościoła
Oczy zamglone serce ściśnięte
O kromkę chleba człowiek zawołał.

Pastor zdziwiony na tronie siedzi
Zaprosił gościa wnet do spowiedzi
Minę miał srogą a tak być musi
W ramach pokuty targał za uszy.

Tak rozgrzeszony chłopek niemłody
Po chudych plecach jest pokropiony
I niefortunnie ze schodów zleciał
Na tacę nie dał - nie jest zbawiony.

A dalej wchodząc w tą epopeję
Zmiany są nagłe - wciąż coś się dzieje
Chciwość osiąga teraz wyżyny
Ale nie wszyscy my to widzimy.

Świat w innym zwierciadle

Współczesny świat ma duże problemy
O tym być może - nie wszyscy wiemy
Ciągłe wojny wandalizmy
Fałsz strach i sterty zgnilizny.

Garstka ludzi rządzi światem
Pozostali liżą im stopy
Od wschodu do słońca zachodu
Pilnujemy możnych żłobu.

Żłób jest wypełniony złotem
Strzeżony we dnie i noce
Płoną lasy i nadzieje
Sprawiedliwość nie istnieje.

Dobroci się zawinęła
Złości na wyżyny wchodzi
Jak się uważnie przyjrzymy
Wiadome jest o co tu chodzi.

Nikt nie liczy się z gawiedzią
Wszyscy o tym dobrze wiedzą
Kryzys bomby i szrapnele
To się właśnie teraz dzieje.

Co dalej to się okaże
Nie unikniemy pewnych zdarzeń
Pseudo - demokracja to czyni
Powrócimy do jaskini.

Wypada czy nie wypada

Czy wypada narzekać na los
Krzyczeć na siebie na cały głos
Płakać aż się źrenice oczu rozpłyną
Pod siebie w kłębuszek zawinąć.

Z losem być w zgodzie to oczywiste
Wyrzec się kłamstwa i oszukaństwa
Dbać o zdróweczko to najważniejsze
A wszystko będzie pewniejsze jasne.

O co chodzi w tym powyżej
Problem ciągle aktualny
Chcesz być sobą jakim jesteś
To zwyczajnie bądź normalny.

Normalności zanikają
Udają się w nieznanych kierunkach
Powracają lecz niestety
Na innych zupełnie warunkach.

Więc zbędne jest główkowanie
Pomijamy pewne sprawy
Które nie mają żadnego celu
Oprócz zasobów w portfelu.

Na coś darmowe nie czekaj
Przed samym sobą nie uciekaj
Starać się zawsze na siebie liczyć
Szczęścia zdrowia wszystkim życzyć.

Listy wyborcze

A co się dzieje teraz na świecie
W mieście i na wsi to się dowiecie
Były wybory oddano głosy
I głośne wrzaski aż pod niebiosy.

Nieprzypadkowo jest oczywiste
Ktoś tu zapełnił wyborczą listę
Koledzy z popisu oraz plejformy
Wujek i ciocia kuzyn pastora
Ktoś bezpartyjny fora ze dwora.

Jak się zaczęło tak się skończyło
Wybory były - jakby nie było
A po wyborach pastor się zjawia
I za wybranych modły odprawia.

Wielka balanga gdzieś w gęstym lesie
Było wesoło poza nawiasem
Wódka i dziewki modne przyśpiewki
I nie za darmo za dużą kasę.

W sejmie zaczęła się rozpierducha
Namiestnik wrzeszczy a reszta milczy
Prawi banały o wniebowzięciu
Słucha go tylko 465.

Ma być podwyżka ropy gazu
O tysiąc procent i nie od razu.
A żeby znacznie zapobiec bidzie
To o sto - co każdy tydzień.

Wszystko co wspólne miejskie i wiejskie
Od teraz będzie europejskie

Ale to tylko jest na papierze
Ktoś - za ocean zyski zabierze.

Imigracja - uchodźcy

Tak z nowym rokiem wejdzie dostatek.
Będzie od płaczu nowy podatek
A na dodatek każda rodzina
Po trzech uchodźców musi otrzymać.

W ramach nagrody i chrześcijaństwa
I metalowy order od państwa
A tanich pochwał to nie policzę
W dodatku proce przeciwlotnicze.

Musi im zapewnić dobre warunki
Spanie obiady kolacje trunki
A raz w tygodniu wylot do baru
Mogą używać i bez umiaru.

A co dotyczy obywatela
Kilof łopatę niech zap...
Niech szuka ropy i pali chrustem
Będzie objęty świętym odpustem.

Wprowadzą wagi od otyłości
W ramach poprawy sprawiedliwości
Jeśli przekroczysz nawet pół deka
Od dziś się sprawą zajmie bezpieka.

Wsadzą do paki - na nic zamiary
Poszedłeś młody wróciłeś stary
Tu byłeś gruby - tam będziesz chudy
Wrócisz - i będziesz spłacać ich długi.

Trwają narady dziwne badania
Ktoś nową wizję świata odsłania
A niewolnictwo dla mnie i ciebie
Głód i pożoga - spotkanie w niebie.

To co się dzieje - to koniec świata
A to za dobroć taka zapłata
Myszy ruszyły w bojowe akcje
To już końcówka - wieczne wakacje.

Uroki jesieni

Urocza jesień się pojawiła
Tak się pogoda nagle zmieniła
Chmurki ścielą niebo dumnie
Wiaterek udziela się szumnie.

Z lasku nad rzeczką z poranną rosą
Ludzie koszyczki z grzybkami niosą
Dziadek przypadkiem w lesie zabłądził
I okularów przetrzeć nie zdążył.

Chciał się zapytać wiIka o drogę
Wilk ze zdziwienia postradał mowę
Zwierz oprzytomniał tuż za zakrętem
Upadł na zdrowiu - otrzymał rentę.

Piękna jesieni w nowych wydaniach
Rankiem zamglona deszczem skropiona
Usłana liśćmi barwą bez końca
W porannym blasku złotego słońca.

Starsi ludzie

W dobie prawdy i szczerości
Przypadkowo ktoś zapyta
Jak się macie jegomości
Chodzi tu o emeryta.

Starszych ludzi są miliony
Zaludniają strony świata
Ktoś jest może przygarbiony
Inny wyprostowany lata.

Kogoś często boli głowa
Inny na gitarze brzęczy
Ktoś tam pogrywa w kasynie
Staruszek w kościele klęczy.

A kobiety emerytki
To na nową nutę grają
Służą radą i pomocą
Rodzinie się udzielają.

Emeryci są rodzinni
Wierni do pomocy skorzy
Komu zabraknie grosika
Babunia ochoczo dołoży.

Prawdziwy emeryt nie stęka
Ceni prawdę i szacunek
Jak potrzeba wszystko odda
Ale łatwo się nie podda.

Staram się

Chciałbym napisać o wszystkim
Tak żeby czasu nie trwonić
Mądre myśli akceptować
A te koślawe przegonić.

O chłodzie i modzie na czasie
Co kończy się i zaczyna
Że w lasku widziałem pingwina
Na stopie - się muszę zatrzymać.

O coś w tym staraniu chodzi
A szkoda nie zawsze wychodzi
I zawsze by chciało się więcej
Dosłownie że nieraz się męczę.

Wydawać się często może
Że wszystko co pragnę zdobędę
Rozegram karty ze sobą
Wygram pewności nabędę.

A chciałbym nie tylko dla siebie
Ale dla wszystkich naokół
Abyśmy żyli w przyjaźni
Mądrzy zaradni odważni.

A życie jest tylko jedno
I trwanie w nim ciągle żywe
Choć czasem aż nadto dziwne
Ale zawsze pozytywne.

Nie będzie końca

Końca świata nie będzie
Ale na odwrót początki
Zostaną też dni tygodnia
A w myśleniu małe wyjątki.

Odejdą żale i płacze
Działania polityczno - niewydajne
I zniknie z powierzchni globu
To co niedobre niefajne.

Jedzenie będzie darmowe
Dla wszystkich - z jednej miski
I wycofane z produkcji
Noże łyżki widelce i półmiski.

A na ulicach kultura
Sklepy otwarte na oścież
Na półkach do żucia gumy
Bezpłatne gwoździe do trumny.

Co pierwszy stąpa przy lasce
Co drugi chodzi w masce
A ci najbardziej pokorni
Plączą się niewidomi.

Alkohol będzie bezpłatny
Bez tego nie idzie żyć
Niestety na półkach pusto
I nie ma już komu pić.

Dla wszystkich i bez wyjątku
Reklamy i marzenia darmowe

A z nowym porządkiem świata
Ma być wszystko kolorowe.

Sam sobie

Dobre od złego odróżnić
Uwaga - nie można się spóźnić
Na byle co się nie wściekać
A przed sobą nie uciekać.

Być może coś takiego doznam
Gdy lepiej sam siebie poznam
Od początku do końca samego
Pozytywniej myślącego.

Sam sobie życzę dobrego zdrowia
Od siebie pożyczam i sobie oddaje
I niczego nie żałuję
Bywa że siebie sam często łaję.

Na co zasłużę to miewam
Za dużo się nie spodziewam
Wystarczy tylko być sobą
Nie widzę innego sposobu.

Dodatkowo też roszczę pretensję
Na bardzo niewielkie pensję
Lubię siebie i to dlatego
Nie śmieję się z byle czego.

Myślę po swojemu - być może inaczej
Wiem jak wiele dla siebie znaczę
Nie popieram działania osób niektórych
Cenię dobro i prawdziwy cel natury.

Rodem z piekła

Zamiast bronić aresztowali biedaka
Związali mu ręce i nogi
Do buzi kamień żeby nie zgrzytał
Zapomnieli go o imię zapytać.

To się zdarza ostatnimi czasami
Chwycili takiego z boleściami
Ktoś ich dobrze wynagrodził za to
Byli jeszcze gorszymi diabłami.

To były zwyczajne bandziory
Twarze czarnymi szmatami zakryte
Prosto z piekieł z długimi ogonami
A na nogach metalowe kopyta.

Zgodnie z nową przyjętą tradycją
To coś się nazywa policją
Wysyłane żeby gnębić ludzi
Strach i trwogę w umysłach budzić.

To zdarzenie o pomstę woła
Ów człowiek o pomoc wołał
Bo go w nocy bandyci napadli
Pobili i na dodatek okradli.

Przypadek nietypowy o zgrozo
Że tacy zbóje po ziemi chodzą
Bandyta odchodzi honorowo
Z uniesioną do góry głową.

Co niektórym wielkie brzuchy urosły
A do tego metalowe lejce

I jak tylko syrena rozbrzmiewa
To się czasem i żyć odechciewa.

Nieznane zamiary przyszłości

Życie doczesne bywa ciekawe
Wielkie pragnienia dbanie o sławę
A teraźniejszość jak w pajęczynie
Co nastąpiło szkoda przeminie.

Nie dbam o sławę i poklask w tłumie
Nie każdy moją mowę rozumie
Co byli przodem i za mną będą
We własnym czasie mądrość posiądą.

Wiem że pod Boską jestem opieką
Kiedyś przeminę pewnie daleko
Poznam duchowo nieznane ścieżki
W czasie pochodnym i ostatecznym.

Myślę że sprostamy nieznanej trwodze
Widzę struchlałe krzyże po drodze
Klęknę i oddam niskie pokłony
Przebywającym w polu zbawionym.

Bywam zmęczony słaby bezsilny
Brak porównania dosłownie inny
Dawnymi czasy czegoś po prawdzie
Można pomyśleć niezwykły twardziel.

Wiele zawdzięczam swojej osobie
Cóż ja takiego posiadam w sobie
Co mnie tak w życiu często utwardza
I w samym sobie myśl prosta harda.

Staram się często w sobie przekonać
Dojrzeć coś ważne jak jasna strona
Aby zrozumieć że moja poezja
Dba o mnie jak matka rodzona.

Nowe czasy

Nowe czasy nowe prawa
I nagonka się zaczyna
Świat agonia ogarnęła
Czyja w tym wypadku wina.

Winą obarczono czasy
Krajobraz nadzwyczaj szlachetny
Całe wieki kolorowy
Stał się bardzo niebezpieczny.

Tygrys w lesie małpy w kongresie
W rzekach groźne krokodyle
W teorii ktoś pomyśli stateczne
A w praktyce niebezpieczne.

To się dzieje - budzi trwogę
Wilk w lesie pyta o drogę
Słoń uśmiecha się beznadziejnie
Małpa idzie krokiem chwiejnie.

Podziałały narkotyki
Przywiezione podobno z Arktyki
Rozsypane na górki i sitowie
Niech się każdy o tym dowie.

Szczury stanęły w kolejce
Konie odrzuciły lejce

Obciach tragedia gehenna
To jest nie do uwierzenia.

Rozpierducha i rozpusta
Wiewiórki malują usta
Nawet zwykły prosty osioł
Na dancing żabę zaprosił.

Ktoś się za zbója przebrał
Przypadkowo się pomylił
Zakończył swój żywot w mrowisku
Mocno zakrzywionym pysku.

Ktoś wymyślił nową bajkę
Całe tłumy zbałamucił
Stworzył nowe teorie
Zamiast wziąć się do roboty
Ma to w nosie - daje w szyję.

Przepisów nowe nawyki
Przesyłane aż z Ameryki
Ponoć łaskawe prostolinijne
Polityczno - gospodarczo - unijne.

Dotyczy to zachowań i gestów
Tłumienie narodowych protestów
Nadmierną szkodliwością jedzenia
I marzeń o tym - czego nie ma.

Próżne żale

Koniec roku mamy grudzień
A tu coś takiego ludzie
Co niektórzy nowość chwalą
Tym razem podatek od żalu.

Ponoć to jest nowa droga
Skromna przyjazna żalowa
I nie ogranicza wolności
A mieści się w formie miłości.

A to z nadchodzącym wiekiem
Musisz żałować że jesteś człowiekiem
I wiadomo co ciebie spotka
A babcia się pieprznęła na wrotkach.

Panowie żalowi zjadacze darmowi
Wkrótce lud się o swoje upomni
Ekologię sypaną z powietrza.
A w mózgach się wam powywietrza.

A co na to gorzkie żale
Smutki ogarnęły miasta
W lodówce aż ścierpła woda
W piecu przypaliło ciasto.

A ponoć od nowego roku
Wprowadzą podatek od kroków
Od pomysłów i ślepoty
Od ciekawości smutku i głupoty.

Szczęście małżeńskie

W szczęściu małżeńskim w sercach motyle
Wspólne marzenia uścisku dłoni chwile
Radości duchowe i pomoc w potrzebie
W miłości razem zrozumieniu siebie.

Budujemy dom ceglany szacunkiem tworzony
W gestach codziennych stronicach księgi złoconej
Trwamy razem w chwilach jak drzewa połączone
Jesteśmy małżeństwem sobie wymarzonym.

Wspólnie pokonujemy życiowe przeszkody
W małżeństwie dzionek w radości bogaty
Rozmowy jak melodie harmonijne duszy
Kroczymy pełni siły radości i wzruszeń.

Kariera dobrobytu

Co za dorobieniem czyha
Nowy pomysł złota micha
Samolot na własność i łajba
Być może chciwość i szajba.

Ktoś dorobił się co łaska
Obok niego nowa laska
Na oczach złote okulary
Ona młoda a on stary.

Na lazurowym wybrzeżu
Opowieści się zaczyna
Obok rezydencji pana
Stoi nowa limuzyna.

Zgodnie z nabytym nawykiem
Pan był niezłym politykiem
Zarabiał niewielkie grosze
I gdzie zawędrował proszę.

Coś więcej o jego robocie
Frazesy wciskane ciemnocie
Utwierdzał ich też w głupocie
A było tego krocie.

I wkrótce zrobili go świętym
Ogarnął skradzione diamenty
Dożywotnie wczasy na Haiti
Powie więcej jak się dobrze wyśpi.

Jutrzenka

Gdy się jutrzenka po nocy budzi
Jakże się musi przy tym utrudzić
Rozwiać ciemności po szarej nocy
Wszystkiemu co żyje otworzyć oczy.

Wiatr utrudzony nocnym szemraniem
Nagle ucicha morzy go spanie
Deszczyk się cieszy nowym wydaniem
Zaczyna kropić na zawołanie.

Słońce wyjrzało zza chmur w błękicie
        Co tu się dzieje - dlaczego śpicie?
A na zegarze szósta godzina
Już czas do pracy pora zaczynać.

I się zaczyna poranna gonitwa
Gorący prysznic ostra żyletka

Kanapki z jajkiem i kawa w locie
Praca do szkoły i po kłopocie.

A co niektórzy - a jest ich wiele
Oni codziennie mają niedzielę
Takim to teraz więcej potrzeba
Klęczą w kapliczce i bliżej nieba.

Jutrzenka ranna promiennie błyszczy
W ogródku mała wiewiórka piszczy
A naokoło różowe kwiaty
Słaby fizycznie duchem bogaty.

Wyjątki w grze

Słowo gracz - wygląda znacznie
Bojowo uczciwie koniecznie
Gra w kasynie w chórze śpiewnym
Bywa że na polu bitewnym.

A gra sprawdza się znakomicie
W ludzkich działaniach i bycie
Tylko jest jeden wyjątek
Gdy w grę wchodzi walka o życie.

Okolica od dawien spokojna
Aż tu raptem straszna wojna
Co się stało - nie wiadomo
I trzeba uciekać z domu.

Uciekać - na drogach czołgi
Artyleria faceci w mundurach
Strzelanie do uciekiniera
A w sercach nienawiść się ściera.

Budowali w trudzie o głodzie
Pokolenia żyły zgodnie
Nagle śmierć i katastrofa
Groby krzyże krzyk i pochodnie.

Strach pomyśleć - z piekieł plemię
Wtargnęło na ziemię jak dzicy
I wszystko w proch obrócili
A świat na to patrzy i milczy.

Zapisane księgi

Przeminie niebo a z nim ziemia
Kolory woda i powietrze
Zostaną jednak moce wspomnień
Kroniki pisane wierszem.

Poezja się ulotni w przestrzeń
Z ksiąg zapisanych drobnym drukiem
A materializm pozostanie
I długo będzie do niebios pukał.

Za przemijaniem nie nadąży
Nikt żywy oprócz czasu
Pomimo starań i zabiegów
Nie zatrzyma czasu biegu.

Wszyscy jesteśmy prości grzeszni
Często dla siebie niebezpieczni
I zabiegani o jutro lepsze
Z pieśnią na ustach i srogim wietrze.

Niedorzeczności mitologii
Zachwieje się runie w przepaści
I wieczna noc nie do przyjęcia

Kosmiczne wstrząsy i tąpnięcia.

Wielka inności przedstawiona
Dopóki tylko istnieją światy
Czasowa strefa przedawniona
Nigdy nie będzie określona.

Bawimy się w demokrację

A nowoczesność jawi się teraz
Prawda się z fałszem na czasie spiera
I ponoć w środkach już nie przebiera
To co się dzieje w mózgi uwiera.

Moce pomysłów na nowe życie
Ciągłe dyskusje o dobrobycie
A powtarzane po stokroć razy
Stawiane stopy oraz zakazy.

Dziś wieś wygląda całkiem jak nowa
Cztery cielaki i jedna krowa
A u sołtysa dwa konie w polu
Piwo w sklepiku bez alkoholu.

Na wiosce cicho a gwarno było
Bo wielu młodych wieś opuściło
Z braku zajęcia na emigrację
Poszli za chlebem - nie na wakacje.

A ekonomia idzie do przodu
Gospodarz uzyskał prawo do głodu
Może odmówić sobie kolacji
I przymusowych kiedyś wakacji.

Urząd uzgodnił że czas jest drogi
Każdy ma prawo odmrozić nogi
Zostać bezdomnym rózgą się biczować
Nie tylko we śnie za grzechy żałować.

Warto by teraz wspomnieć o mieście
To wielu ludzi mieszka w areszcie
Darmowe obiady i podwieczorki
A do aresztu tworzą się korki.

Nikt go nie pyta czy chce czy niechce
A po kolacji przywiodą dziewczę
I tak do świtu ma rozrywanie
Nie ma problemu - jak coś nie stanie.

Ma obywatel do głosu prawo
I kiedy zechce to bije brawo
Wyjść na spacerek udać zapusta
I na waleta ugasić peta.

A demokracja jest na etapie
Kogoś policjant za szybkość złapie
Na polityka jak się nawinie
To degradacja jest po godzinie.

A kiedy z wieży dzwon bije z rana
Co tylko żyje - to na kolana
A finałowe to jest najgorsze
Wejście do nieba tylko za forsę.

Pielęgniarka

W naszym przedszkolu radość gra
Pielęgniareczka to w sercu ma
Uśmiechem leczy i troską woła
Jest dla maluszków w roli anioła.

Czar opatrzności magiczne kwiecie
Niańczenie dzieci i obowiązki
W jej dłoniach zdrowie i pokrzepienie
Niczym stronice bajkowej książki.

Pielęgnacyjny światek bajeczny
Zorzą w kolorach tęczy migocze
Piękne przedszkole czuciem i sercem
Ku pokrzepieniu niezłomne moce.

Ziarna prawdy

Na skargi teraz przyszła pora
Niczym sodoma i gomora
Czas niepokojem tworzy się hurnie
A ludzkość tego nie rozumie.

Człowiecze czujny bardzo skromny
W nadziejach i zamiarach płonnych
Sojusze zawierane z czartem
Przechodzą w coś - co nic nie warte.

Jestem malutki niepozorny
Niepewnie stąpam i myślę ciasno
Jawnie buntując się często
Przemijam z moją dolą własną.

A przemijanie się kojarzy
Z tym co jest trudno zauważyć
Co się pozornie gdzieś ulatnia
Powstaje nowa dola własna.

Nieważne co się w myślach czuje
W rozumie nową myśl klonuję
Nie pozostanę w samotności
Ziarenko prawdy owocuje.

Zostanę taki jaki jestem
W myślach i czynach prostym geście
A wszystko czego tylko pragnę
Zostanie we mnie uwierzcie.

Dopóki żyję

Często pytania zadaję sobie
Co tak właściwie na ziemi robię
Ciągle się stresuję ganiam za pracą
A tak prawdziwie po co i na co?

Jak wytłumaczyć niemałe stresy
Po co właściwie mam gdzieś się śpieszyć
Ciągle oszczędzać podatki płacić
I myśleć o tym jak się wzbogacić.

Można powiedzieć że czas jest drogi
Skronie się pocą i bolą nogi
Często na głowie włos staje dęba
A z podniecenia czerwona gęba.

Kogoś przejechał koleś na pasach
A przejechany dostał w zawiasach

Za brak uśmiechu do nowej władzy
Mogą na roczek do pudełka wsadzić.

A jak przypadkiem zabolą nerki
Wtedy się w głowie dzieją rozterki
A służba zdrowia w zapaści tonie
Będziesz leczony ale po zgonie.

Nie dasz na tacę to jeszcze gorzej
To już ci wtedy nic nie pomoże
Czeka ciebie czyściec piekło katusze
Dopóki żyję bać się nie muszę.

Prośba

Gdy czas się skończy zajdzie potrzeba
Jak Bóg pozwoli ja chcę do nieba
Bo tam jest miło ciepło i skromnie
I właśnie niebo pasuje do mnie.

A to wiadomo niebo kosztuje
Widać na co dzień a to się czuje.
Trzeba się starać ciężko pracować
Bogu rodzinie wierność dochować.

Trzeba być skromnym i abstynentem
Dużo nie gadać i nie przesadzać
Mieć swoje zdanie dochować prawdy
Wiedzieć co dobre co nie wypada.

Było tak fajnie i to się stało
Bo się przypadkiem zachorowało
Powietrza zabrakło serce stanęło
I się doczesne tło rozpłynęło.

W moim środeczku zrobiono remont
Serce odżyło zniknęła niemoc
I dzięki Bogu że tak wyrażę
Czuje się mocniej zdrowiej odważniej.

Bóg mi obiecał przejście odłożyć
Będzie mi wolno na ziemi pożyć
Chociażby dobę być może tydzień
Bardzo się cieszę nieźle mi idzie.

Spełniam marzenia mam obowiązki
To co przeżyłem wkładam do książki
Piszę co myślę i bez wahania
Stanisław Pysek nisko się kłania.

Szekspir w XXI wieku

Wczoraj Szekspir się obudził
      Co się dzieje? Nie ma ludzi
Ani żywej duszy w chacie
Czas pomyśleć o dramacie.

W sklepach pusto czuć kapustą
Po suficie robot jedzie
Słoń na kasie obsługuje
A wiewiórki ważą śledzie.

Szekspir w głowę się podrapał
Ale w końcu się połapał
Że to wiek dwudziesty pierwszy
I dlatego tak się pieprzy.

Pan zając narobił na ladę
Sroka wrzeszczy damy radę

A polityk na mównicy
Okazał się ludojadem.

Sklepowy jak zwykle na bańce
Małpa z żyrafą się spiera
Bezdomny leży w rynsztoku
Głodny i bosy umiera.

Ktoś z widzów zadzwonił do mafii
Pojawił się taki z parafii
I wodą biedaka pokropił
Nieomal go nie utopił.

Od teraz są prośby na raty
Zbawiony ma być bogaty
A biedny tylko szczęśliwy
Kary grzywny za sprzeciwy.

Pan Szekspir ujrzawszy to wszystko
Z wrażenia upadł na rżysko
Konik żałował - łzy lał za pługiem
Szekspir ostatnią oddał przysługę.

Ekologia i my

Rozglądam się dookoła i co teraz widzę
Las przedtem taki gęsty teraz same rydze
Puszcza szumi jak przedtem ale drzew brakuje
Kózka zamiast biegać po trawie buziaka pudruje.

Ekologia się rozwija czasu nie marnuje
Powietrze jest coraz świeższe a tlenu brakuje
To jest nieprawdopodobne i się nie wydaje
Że krowa która głośno ryczy mało mleka daje.

Ale to jest dość zabawne aż się dziwią chmury
Przedtem deszcz padał na glebę a teraz do góry
Ktoś niechybnie nad ziemią zwyczajnie się znęca
Wielu co dawno odeszło w grobach się przekręca.

Wielu ekspertów się trudzi służą dziwną radą
A na ekologię jak widać duży nacisk kładą
Teraz wpadli na pomysł i niezwykły taki
Do zupy i na desery promują robaki.

Cukier ponoć szkodliwy zmiana jest potrzebna
Będzie lepiej zdrowotny przemielony z węgla
A powietrze wdmuchiwane w paczuszki na gramy i deka
To co w najbliższej przyszłości podobno nas czeka.

Jak można temu zapobiec i działać usłużnie
Ekspertów od ekologii wysłać w kosmos w próżnię
Zagwarantować im przyszłość gdzieś tam na orbicie
Zmądrzejecie niebawem na swój koszt wrócicie.

Rowerkiem o świcie

Bardzo proszę wziąć to na poważnie
Oznajmiam i bardzo w to wierzę
Od malca na rowerku trenuję
I bardzo dobrze się czuję.

Podziwiając piękne krajobrazy
Cena benzyny w grę tutaj nie wchodzi
Tereska i Stasio Pysek na rowerkach
Zadowoleni piękni i młodzi.

Tęsknota za chatką

Zagłębiam się w czar wspomnień z kochanej Ojczyzny
W zieleni pasmem ciągnącej pięknej kurpiowszczyzny
We wspomnieniach widzę fale nadnarwiańskiej wody
A na plaży bawiących się dzieci w podchody.

Często myślami tam przebywam wyraźnie to czuję
W mojej wyobraźni ten piękny krajobraz maluję
Duszę wraz z pamięcią tam zostawiłem
Bardzo tęsknię za chatką gdzie się urodziłem.

Często we śnie odwiedzam leśne zagajniki
Błąkam się po ścieżkach omijam strumyki
Odpoczywam na trawce z twarzą w szczaw wciśnięty
Czuję wiejący wiaterek i zapachy mięty.

Niedzielne popołudnie nadzwyczaj beztroskie
Słoneczko z góry spogląda na rodzinną wioskę
Bajecznie otoczoną duchową nadzieją
A w górze kłębiaste obłoki na niebie się bielą.

Wydawało się wiecznością a trwało to chwilę
Sen się skończył wróciłem do Lawrenceville
Pozostała tęsknota za rodzinną chatką
Życie jest niezbadaną i wielką zagadką.

Pani Tereska is learning English

W tej opowieści na czasie zajaśniało nowe
Pani Tereska jest studentem w szkole wieczorowej
Język angielski ochoczo Teresce się kłania
Marzy cichutko i buduje zdania.

Good morning - Thank you - potrzebą
Pani Tereska uczy się wierzy w siebie
Słowa migoczą jak gwiazdki w takt wcieleń
Pani Tereska marzy sięgnąć śmielej.

Pani Tereska zdania układa płynnie
W szkole w podróży przy słodkim winie
Mądra i zdolna z uśmiechem na buzi
Śmieje się tańczy oczęta mruży.

W krainie marzeń w promieniach światła
Pani Tereska nauki jest spragniona
W pełni rozkwitu wiedzy i zaciszy snów
Odkrywa tajemnicze zwroty angielskich słów.

Na szlakach księżyca błękicie promiennym
Pani Tereska zbiera mądrości bezcenne
W głębi serca i trosce niemałej wytrwania
Wędruje ścieżynką prawdy poznawania.

Nocą gdy gwiazdy na niebie świecą
Pani Tereska rozmawia z nimi po angielsku
Bo wiedza daje jej siłę w tym momencie właśnie
Towarzyszy Teresce w podróży i we śnie.

Spis treści